ITALIAN IN THREE MONTHS

D0291412

Hugo's Simplified System

Italian in
Three Months

Milena Reynolds

Hugo's Language Books Limited

© 1991 Hugo's Language Books Ltd
All rights reserved
ISBN 0 85285 174 X

Fourth impression 1996

Written by

Milena Reynolds

Lecturer in Italian
Morley College, London

Cover photo (Robert Harding Picture Library): Duomo, Florence

Set in 10/12 Plantin by
Logotechnics Ltd., Sheffield–Zürich
Printed and bound in England by
Clays Ltd, St Ives plc

Preface

This new edition of 'Italian in Three Months' has been written
for us by Milena Reynolds, whose experience in teaching her
native tongue ranges from beginners to post graduate level. She
has drawn on this expertise to produce a simple yet complete
course for students aiming to acquire a good working knowledge
of the language in a short time, and who will probably be working
at home alone. The course also covers all the basic G.C.S.E.
syllabus, both structural and communicative, and so could be
used as a class textbook for that exam.

The book begins with a detailed study of pronunciation (our
'imitated' system will help you through the early stages). In each
of the next ten chapters there's a main theme divided into three
or four related topics with dialogues, through which the grammar
is presented concisely and clearly, with plenty of examples and
exercises. This course maintains the Hugo principle of teaching
only what is really essential for a firm grasp of practical, up-to-
date Italian. Using the book together with our audio cassettes is
an ideal combination and provides a further dimension to your
studies – ask your bookshop for details.

Ideally you should spend about an hour a day on the course
(maybe a little less if you've not got the cassettes), although there
is no hard and fast rule on this. Do as much as you feel capable of
doing; it is much better to learn a little at a time, and to learn that
thoroughly. At the beginning of each day's session, spend ten
minutes recalling what you learned the day before. When you
read a conversation, say it out loud if possible (listen to the tape
and see how closely you can imitate the native speakers). Study
each rule or numbered section carefully and re-read it to ensure
that you have fully understood the grammar and examples given.
Try to understand rather than memorise; if you have understood,
the exercise will ensure that you remember the rules through
applying them.

When the course is completed, you should have a very good
knowledge of Italian – more than sufficient for general holiday or

business use, and enough to lead quickly into an examination syllabus if required. We hope you will enjoy 'Italian in Three Months', and wish you success with your studies.

Contents

8

Introduction

PRONUNCIATION

Before you start the first chapter, read the following rules on pronunciation. If you use the tapes, read the words and sentences while you listen. Italian pronunciation is easy and once you have mastered the sounds which are different from English you will find that you can pronounce the printed words quite easily. When reading, follow the basic rules of our imitated pronunciation given at the end of this introduction.

Stress

- In Italian all words end in a vowel and are generally stressed on the next to last syllable: **albergo** [ahl-bair-goh] *hotel* **finito** [fee-nee-toh] *finished* **idea** [ee-deh-ah] *idea*

- If the stress falls on the last vowel, that vowel will have a grave accent: **caffè** [kahf-fèh] *coffee* **perchè** [paihr-kày] *why*

  Sì *(yes)* bears the accent because it might otherwise be confused with **si** *(oneself)* and **è** *(is)* to distinguish it from **e** *(and)*.

- If the stress falls on the last syllable but two (and rarely on the last but three) then we will put an acute accent on the stressed vowel throughout the book (although this accent is not normally shown in modern Italian): **tímido** [tée-mee-doh] *shy* **bellíssimo** [behl-lées-see-moh] *very beautiful*

  The combinations **-ia, -io, -ie** at the end of a word are normally considered as a single syllable, so the stress falls on the preceding syllable: **Venezia** [veh-neh-tsiah] *Venice*, **doppio** [dohp-pioh] *double.* Exceptions are marked with the acute accent: **scrivanía** [skree-vah-nee-ah] *desk*

9

Pronunciation of vowels

The Italian vowels are **a**, **e**, **i**, **o** and **u**. Each vowel has only one sound, but **o** and **e** can be open or closed according to their position, as you will see below.

a	is pronounced like *a* in *car* but it is shorter in Italian:	**sala** [sah-lah] *hall* **la** [lah] *the*
e	is pronounced like *ai* in *said* or like *e* in *poem:*	**letto** [leht-toh] *bed* **mela** [meh-lah] *apple*
i	is pronounced like *ee* in *meet:*	**vino** [vee-noh] *wine*
o	is pronounced like *o* in *not* or like *o* in *almost*:	**posta** [pos-tah] *post* **sono** [soh-noh] *I am*
u	is pronounced like *oo* in *moon:*	**cura** [koo-rah] *cure*

Pronunciation of consonants

Most consonants are pronounced like their English counterparts. The exceptions are:

c	is pronounced like *ch* in *much* before **e** and **i**:	**ci** [chee] *there*
	but it is pronounced like *k* in *king* before **o**, **a** and **u**:	**casa** [kah-zah] *house*
ch	is always pronounced like *k* in *king*:	**che** [keh] *that*
g	is pronounced like *j* in *jeep* before **e** and **i**:	**giro** [jee-hroh] *trip*
	but it is pronounced like *g* in *go* before **a**, **o** and **u**:	**gara** [gah-rah] *race* **guida** [gwee-dah] *guide*
gh	is always pronounced like *g* in *gate*:	**laghi** [lah-gee] *lakes*
gli	is pronounced like *ll* in *million*:	**luglio** [loo-l'yoh] *July* **gli** [l'yee] *the*

gn is almost like *ni* in *companion*:

ogni [oh-n'yee] *every*
gnocchi [n'yohk-kee] *dumplings*

h is not pronounced at all:

ha [ah] *he has*

qu is pronounced like *qu* in *queen*:

qui [qwee] *here*
questo [qwehs-toh] *this*

r is rolled, something like a Scottish *r*:

caro [kah-hroh] *dear*

s is sharp as in *see* before consonants, when double, or at the beginning of words:

strada [strah-dah] *road*
sesso [sehs-sòh] *sex*
sala [sah-lah] *hall*

but it is like *z* in *lazy* between two vowels:

casa [kah-zah] *home*

sc is pronounced like *sh* in *she* before **i** and **e**:

sci [shee] *ski*
scena [sheh-nah] *scene*

but it is pronounced *sk* as in *skip* when followed by a consonant or by **o, a, u**:

scusa [skoo-zah] *sorry*
scrivo [skree-voh] *I write*

z is pronounced like *ts* in *gutsy*:

pranzo [prahn-tsoh] *lunch*

or softer like *dz* at the beginning of words:

zero [dzeh-hroh] *zero*

double consonants are emphasised and pronounced as if there but: were a short pause in front of them. but:

ditta [deet-tah] *firm*
dita [dee-tah] *fingers*
sonno [son-noh] *sleep*
sono [soh noh] *I am*

On the whole, when speaking Italian you should linger on the vowels and not pronounce the consonants too forcefully (except in the case of double consonants). Remember at the end of a sentence to make your voice rise when it is a question and fall when it is a statement.

The imitated pronunciation

For the first three chapters we give the imitated pronunciation for each new word as it occurs in the text or in the vocabulary list at the end of the chapter. In this imitated pronunciation the Italian sounds are represented by English syllables; read each syllable as if it were part of an English word. After the third chapter we will continue to put an acute accent on those words which are not stressed on the penultimate syllable. If in doubt about pronunciation, go back to this introduction or listen carefully to the tapes.

When reading the imitated pronunciation, remember that:

ah   sounds like *a* in *fast* but is shorter than in English.

oh   sounds like the *o* in *order* and even the *au* in *caught*.

eh   sounds like the *e* in *poem* or even the *ay* in *say* but much shorter.

n'y   sounds like *ni* in *onion*.

l'y   sounds like *lli* in *million*.

hr   sounds something like a Scottish *r*.

All new words appear in the vocabulary list at the end of each chapter, and if you feel doubtful about the pronunciation check the imitated pronunciation in the lists for the first three chapters.

Chapter 1

In this chapter you will learn how to book a room in a hotel, introduce
yourself, say where you come from, say hello and goodbye and use the
formal form of address.

The grammar includes:
• present tense of 'to be' (**éssere**) and 'to have' (**avere**)
• present tense of regular -**are** verbs (**parlare**)
• gender of nouns and adjectives
• articles 'the' (**il, lo, la, l'**) and 'a' (**un, uno, una, un'**)
• negative sentences.

GREETINGS, BOOKING A ROOM, NATIONALITY

CONVERSATION A

All'albergo
At the hotel

Dialogue between the hotel receptionist (Rec) and Mrs Branson
(Mrs B), who is booking a room.

Mrs B	Buongiorno.
	Good morning.
Rec	Buongiorno, signora.
	Good morning, madam.
Mrs B	Ha una cámera líbera?
	Do you have a room (free)?
Rec	Sì, certo, doppia o síngola?
	Yes, certainly, double or single?
Mrs B	Síngola.
	Single.
Rec	Per quanti giorni?
	For how long (lit. how many days)?
Mrs B	Solo per oggi.
	Only for today.

Rec   E il Suo nome, per favore?
       And your name please?
Mrs B   Sono Mary Branson.
       I'm Mary Branson.
Rec   È inglese?
       Are you English?
Mrs B   No, sono americana.
       No, I'm American.
Rec   Ha un documento, per favore?
       Do you have any identification (lit. document), please?
Mrs B   Sì, ecco il passaporto.
       Yes, here is my (lit. the) passport.
Rec   Beníssimo grazie, ecco la chiave.
       Fine, thank you, here is the key.

1   Gender

All nouns (words which name things) in Italian are either masculine or feminine. As you have seen in the dialogue: **una cámera** is feminine *(f)*, but **il passaporto** is masculine *(m)*. As a general rule all nouns ending in **-a** are feminine, all nouns ending in **-o** are masculine. There are exceptions, but we will mention these later on in the book.

Nouns ending in **-e** may be either masculine or feminine. It is therefore important to remember which article is used in front of a word:

il **passaporto**
la **cámera**
la **chiave**
il **signore**

If there is an adjective (descriptive word) this too will change according to the gender of the word to which it refers:

la **signor*a* america*na***

but:

il **passaport*o* american*o***

2 Articles

'A' and 'an' are translated in Italian by **un** before a masculine word and **una** before a feminine one.

Una takes an apostrophe, **un'**, before a feminine word beginning with a vowel and **un** becomes **uno** before words beginning with **z** or with **s** followed by another consonant:

una **cámera**
un' **americana**
un **albergo**
uno **studente**

'The' is translated by **il** before masculine words beginning with consonants, **lo** before masculine words beginning with **z** or with **s** followed by another consonant. **La** is used before feminine words.

L' is used before both masculine and feminine words beginning with a vowel:

il **nome**
lo **zero**
l' **albergo**

la **chiave**
l' **occupazione**

3 Questions

When you want to ask a question in Italian you simply make your voice rise at the end of the sentence. The word order does not change.

Il Suo nome è inglese? *Is your name English?*
Il Suo nome è inglese. *Your name is English.*

Exercise 1

Answer the questions on conversation A using: **Sì, è ...** (Yes, he/she/it is ...) *or:* **No, è ...** (No, he/she/it is ...)

Example:
Question: La segretaria è inglese?
       (*Is the hotel receptionist English?*)
Answer: No, è italiana.
       (*No, she is Italian.*)

1 Mary Branson è americana? Sì, è ...
2 L'albergo è inglese? No, è ...
3 La cámera è líbera?
4 Il passaporto è americano?
5 Il nome è inglese?
6 La segretaria è italiana?
7 La signora è inglese?
8 L'albergo è italiano?
9 La cámera è síngola?
10 La cámera è doppia?

4 Negative sentences

In Italian you make a sentence negative by putting **non** in front
of the verb:

La signora *non* è inglese.   *The lady is not English.*
Mary *non* parla italiano.   *Mary does not speak Italian.*

Exercise 2

Make these sentences negative:

1 Sono di Verona.   Non sono di Verona.
2 Sandro Bianchi ha una bella casa.   SB non ha una bella casa
3 L'albergo è pieno.   L'albergo non è pieno
4 La signorina lavora in un albergo.   La signora non lavora
5 Parlate bene l'italiano?   Non Parlate bene l'italiano

Exercise 3

Put the correct form of **il, lo, l', la** *before the following words:*

1 Questo è .il. Zoo.
2 Parliamo bene .l'. italiano.

3 Il marito di Mary è inglese.
4 Rita è la moglie di Sandro.
5 Ascolto l' ópera alla Scala.
6 La signora è italiana.
7 L' albergo è molto cómodo.
8 Questa è una cámera síngola.
9 Ecco la chiave.
10 Ecco il passaporto.

INTRODUCTIONS

CONVERSATION B

Al bar dell'albergo
At the hotel bar

Conversation between Mary Branson, her husband Peter, and Paolo and Anna Rossi, an Italian couple also staying at the hotel.

Mary	Buongiorno.
	Good morning.
Paolo	Buongiorno, signora.
	Good morning, madam.
Mary	Mi chiamo Mary Branson.
	My name is Mary Branson.
Paolo	Piacere! Io sono Paolo Rossi.
	How do you do. I'm Paolo Rossi.
Mary	Piacere! Molto lieta!
	How do you do! Pleased to meet you.
Paolo	Questa è mia moglie.
	This is my wife.
Anna	Piacere!
	How do you do.
Mary	E questo è mio marito.
	And this is my husband.
Paolo	Molto lieto! Parla italiano anche Lei?
	Pleased to meet you. Do you speak Italian too?
Peter	No.
	No.
Mary	Purtroppo no. Siamo americani.
	Unfortunately not. We are American.

Paolo	Di dove siete?
	Where are you from?
Mary	Siamo di Washington. E voi?
	Washington. And you?
Paolo	Siamo di Milano.
	We are from Milan.
Mary	Ah! Milano è molto bella.
	Ah, Milan is very beautiful.
Anna	Sì, ma anche Washington è una città bella e famosa.
	Yes, but Washington too is a beautiful and famous city.

5 Present tense of 'éssere' (to be)

1st sing.	(io)		sono	I am
2nd	(tu)		sei	you (familiar) are
3rd	(lui, lei, Lei)		è	he, she is; you (formal) are
1st pl.	(noi)		siamo	we are
2nd	(voi)		siete	you (plural) are
3rd	(loro)		sono	they are

It is not necessary to use the subject pronouns **io, tu, Lei, lui, noi, voi** or **loro** except for emphasis.

6 Forms of address

In Italian there are two forms of address. When talking to children, friends and family the familiar form is used: **tu**. When addressing everybody else it is polite to use the **Lei** form, which is in fact the third person singular of the verb. When addressing more than one person **voi** is used for both the formal and familiar forms:

Are you English?	*Sei* inglese?	(familiar singular)
	È inglese?	(formal)
	Siete inglesi?	(formal and familiar plural)

Note that capital letters are used for **Lei, Suo, Sua** etc. when they mean 'you' and 'yours' (formal), to distinguish them from **lei, suo, sua** etc., which mean 'she' and 'hers'.

7   Present tense of 'avere' (to have)

ho	I have
hai	you have
ha	you (formal) have, he, she, it has
abbiamo	we have
avete	you (plural) have
hanno	they have

8   Present tense of '-are' verbs

parlare (to speak)

parl*o*	I speak
parl*i*	you speak
parl*a*	you (formal) speak, he, she, it speaks
parl*iamo*	we speak
parl*ate*	you speak
párl*ano*	they speak

All the regular verbs ending in **-are** are conjugated like **parlare** (e.g. **abitare, lavorare, ascoltare**).

Note that the stress moves to the ending in the 1st and 2nd persons plural [pahr-liah-moh, pahr-lah-teh] but reverts to the stem in the 3rd person plural [pahr-lah-noh].

PERSONAL IDENTIFICATION, FAMILY, HOME AND JOB

CONVERSATION C

In casa Brazzi
At the Brazzis'

Mary and John White have been invited to Sandro and Rita Brazzi's flat in Venice after meeting them at a symposium for wine exporters. They talk about what they do and where they live.

Rita   Buonasera, signor White.
Good evening, Mr White.

Mary *& John*	Buonasera. *Good evening.*
Rita	Questo è mio marito Sandro. *This is my husband Sandro.*
Sandro	Piacere. *How do you do.*
John	Questa è mia moglie, Mary. *This is my wife Mary.*
Sandro	Molto lieto, signora. *Very pleased to meet you.*
Rita	Siete inglesi vero? *You are English, aren't you?*
Mary	Sì, siamo di Londra. E voi? *Yes, we are from London. And you?*
Rita	Siamo di Milano, ma abitiamo qui a Venezia da molti anni. *We are from Milan, but we have lived in Venice for many years.*
Sandro	E a Londra dove abitate? *And where do you live in London?*
John	A Wimbledon. *In Wimbledon.*
Rita	Avete un appartamento o una casa? *Do you have a flat or a house?*
Mary	Abbiamo una piccola casa con giardino. *We have a small house with a garden.*
John	Sandro lavora a Venezia? *Does Sandro work in Venice?*
Rita	Sì, ha un ristorante vicino a Piazza San Marco. *Yes, he has a restaurant near Piazza San Marco.*
Mary	Io sono insegnante. E Lei? *I am a teacher. And you?*
Rita	Io sono una commessa. E Suo marito? *I am a shop assistant. And your husband?*
Mary	Lavora in un albergo nel centro di Londra. *He works in a hotel in the centre of London.*

Exercise 4

Read Conversation C, then answer the following questions:

1 Il signor White è americano?
2 Come si chiama sua moglie?
3 Dove ábita Sandro?
4 Di dove sono Sandro e sua moglie?
5 Chi lavora a Venezia?
6 Il signor White lavora?
7 La moglie di Sandro è una commessa?
8 Il signor White lavora a Wimbledon?
9 Chi è insegnante?
10 Mary e John ábitano in una casa con giardino?

Exercise 5

Translate:

1 I live in Milan.
2 Do you *(formal)* work in Venice?
3 Where do you *(formal)* live?
4 I am a shop assistant.
5 Rita Rossi speaks Italian.
6 We live in Pavía and work in Milan.
7 London is beautiful.
8 Do you *(plural)* have an *(use 'the')* American passport?
9 Where do you *(plural)* come from?
10 I am English.

KEY PHRASES

Try and memorise these phrases to help you recall the main grammatical points and the subject matter of this chapter:

Ha una cámera líbera?
Sono di Londra.
Ábito a Wimbledon.
Lavoro in centro.
Parlo un po' l'italiano.

VOCABULARY

a [ah]	at, to
abitare [ah-bee-tah-hreh]	to live
albergo *m* [ahl-behr-goh]	hotel
americano [ah-meh-hree-kah-noh]	American
anche [ahn-keh]	also, too
anno *m* [ahn-noh]	year
appartamento *m* [ahp-pahr-tah-mehn-toh]	flat
ascoltare [ahs-kohl-tah-reh]	to listen
avere [ah-veh-hreh]	to have
bello [behl-loh]	beautiful
beníssimo [beh-nées-see-moh]	very well
buonasera [bwoh-nah-seh-hrah]	good evening
buongiorno [bwohn-johr-noh]	good morning
cámera *f* [káh-meh-hrah]	room
cameriere *m* [kah-meh-hrieh-hreh]	waiter
casa *f* [kah-zah]	home, house
centro *m* [chen-troh]	centre
certo [chehr-toh]	sure, certainly
chi [kee]	who
chiave *f* [kiah-veh]	key
cognome *m* [koh-n'yoh-meh]	surname
come [koh-meh]	how
commessa *f* [kohm-mehs-sah]	shop assistant
cómodo [kóh-moh-doh]	comfortable
da molti anni [dah mohl-tee ahn-nee]	for many years
di [dee]	of
di dove [dee doh-veh]	where from
documento *m* [doh-koo-mehn-toh]	document
doppio [dohp-pioh]	double
dove [doh-veh]	where
e [eh]	and
ecco [ehk-koh]	here is, here it is
éssere [ehs-seh-hreh]	to be
famoso [fah-moh-zoh]	famous
giorno *m* [johr-noh]	day
grazie [grah-tzieh]	thank you
il *m* [eel]	the
inglese *m & f* [in-gleh-zeh]	English
in pensione [in pehn-sioh-neh]	retired
insegnante *m & f* [in-seh-n'yan-teh]	teacher

italiano [ee-tah-liah-noh]	Italian
la *f* [lah]	the
lavorare [lah-voh-hrah-hreh]	to work
Lei [lay]	you *(sing. formal)*
lei *f*	she
libero [lée-beh-hroh]	free
lo [loh]	the
Londra *f* [lohn-drah]	London
marito [mah-hree-toh]	husband
mi chiamo [mee kiah-moh]	my name is
Milano *f* [mee-lah-noh]	Milan
mio [mee-oh]	my, mine
moglie *f* [moh-l'yeh]	wife
molto [mohl-toh]	very, much
molto lieto [mohl-toh lieh-toh]	pleased (to meet you)
no [noh]	no
nome *m* [noh-meh]	name
non [nohn]	not
occupazione *f* [ok-koo-pah-tzioh-neh]	job, occupation
oggi [od-jee]	today
ópera *f* [óh-peh-hrah]	opera
parlare [pahr-lah-hreh]	to speak
passaporto *m* [pahs-sah-pohr-toh]	passport
Pavía *f* [pah-vee-ah]	Pavia
per [pehr]	for
per favore [pehr fah-voh-hreh] /**per piacere** [pehr piah-cheh-hreh]	please
piacere [piah-cheh-hreh]	how do you do
píccolo [pík-koh-loh]	small
pieno [pieh-noh]	full
purtroppo [poohr-trop-poh]	unfortunately
quanto [qwahn-toh]	how, how much
questo [qwehs-toh]	this
qui [qwee]	here
ristorante *m* [hrees-toh-hran-teh]	restaurant
segretaria *f* [seh-greh-tah-hriah]	secretary, receptionist
sì [see]	yes
si chiama [see kiah-mah]	he/she is called
signora *f* [see-n'yoh-hrah]	Mrs, madam
signore *m* [see-n'yoh-hreh]	Mr, sir

signorina _f_ [see-n'yoh-hree-nah]	Miss, young lady
síngolo [sín-goh-loh]	single
solo [soh-loh]	only
specialmente [speh-chahl-mehn-teh]	specially
studente _m_ [stoo-dehn-teh]	student
Suo, Sua [soo-oh, soo-ah]	your, yours
un, uno, una [oon, oo-noh, oo-nah]	a, an
un po' [oon poh]	a little
Venezia _f_ [veh-neh-tsiah]	Venice
vero [veh-hroh]	true
vicino [vee-chee-noh]	near
zero _m_ [dzeh-hroh]	zero, nought
zoo _m_ [dzoh-oh]	zoo

Chapter 2

In this chapter you will learn to talk about your family, describe your own home, ask about various rooms in the house and discuss daily routine.

The grammar includes:
- plurals of articles, nouns and adjectives
- possessive adjectives and pronouns **mio, tuo** etc. (my, mine, yours etc.)
- present tense of **-ere** and **-ire** verbs: **vivere** (to live) and **dormire** (to sleep)
- interrogatives: **che?** (what?), **di chi?** (whose?), **dove?** (where?)
- prepositions: **a, da, di, in, su**
- possession.

DAILY ROUTINE

Read carefully the following conversation (or listen to the recording) and check that you understand it all by looking at the translation. When you feel sure that you remember the key points, answer the questions given below.

CONVERSATION A

In una famiglia italiana
With an Italian family

A conversation between the Italian host, signora Silvestri (**S**), and her guest, an English student, Peter Taylor (**T**).

S Buongiorno signor Taylor, e benvenuto a casa nostra.
Good morning Mr Taylor, and welcome to our house.

T Buongiorno signora Silvestri, piacere di conóscerla. È questa la mia cámera?
Good morning Mrs Silvestri, pleased to meet you. Is this my room?

S Sì. È un po' píccola ma ha tutti i móbili necessari. E dalla

finestra vede anche il Colosseo.
Yes, it is a little small but has all the necessary furniture. From the
window you can see the Colosseum.

T Sì, sì. Mi piace, è luminosa e ha anche una scrivanía per tutti
i miei libri.
Yes, I like it. It is bright and has even got a desk for all my books.

S Tutti i miei óspiti préndono la prima colazione qui. Va bene
anche per lei?
All my guests have their breakfast here. Is that all right with you?

T Sì, beníssimo. E, scusi, dov'è il bagno per favore?
Yes, fine. Where is the bathroom please?

S È in fondo al corridoio a destra.
At the end of the corridor on the right.

T Dove metto la mia valigia?
Where can I put my suitcase?

S Nello sgabuzzino vicino alla cucina.
In the boxroom near the kitchen.

T Grazie signora. Adesso metto via la mia roba.
Thank you. Now I can put my things away.

Exercise 6

Answer these questions on Conversation A:

1 La cámera del signor Taylor è grande?
2 Dov'è il bagno?
3 La signora Silvestri offre la colazione ai suoi óspiti?
4 Dove mette la valigia il signor Taylor?
5 Dov'è lo sgabuzzino?

9 Mr, Mrs, Miss

Note that **signore, signora** and **signorina** take the definite
article when they are followed by name or surname. Note also
that **signore** becomes **signor**:

Il *signor* Bianchi è italiano.   *Mr Bianchi is Italian.*
La signorina Rossi è qui.   *Miss Rossi is here.*

But in direct speech these articles are not used:

Buongiorno, signora Rossi.   *Good morning, Mrs Rossi.*

10 Plurals of the articles

The Italian definite articles **il, lo, la, l'**, ('the') change in the plural:

	Singular	Plural
Masculine	**il**	**i**
	lo, l'	**gli**
Feminine	**la, l'**	**le**

11 Plurals of nouns and adjectives

When you want to make a noun plural you have to change its ending:

	Singular	Plural
Masculine	*il* **libro**	*i* **libri**
	the book	*the books*
	lo **studente**	*gli* **studenti**
	the student	*the students*
	*l'***ingresso**	*gli* **ingressi**
	the hall	*the halls*
Feminine	*la* **cámera**	*le* **cámere**
	the room	*the rooms*
	*l'***ora**	*le* **ore**
	the hour	*the hours*

This rule applies also to adjectives:

la cámera ammobiliata	*le* **cámere ammobiliate**
the furnished room	*the furnished rooms*
il signore inglese	*i* **signori inglesi**
the English gentleman	*the English gentlemen*
la signorina inglese	*le* **signorine inglesi**
the English young lady	*the English young ladies*

To help you with this rule remember:

Singular		Plural	
	-o		**-i**
	-e		**-i**
	-a		**-e**

Note that the endings of the noun and the adjective don't always match:

la casa grande	le case grandi
the big house	the big houses

Exercise 7

Put the following sentences into the plural:

Example:
Questo è il nostro libro. *Plural:* Questi sono i nostri libri.
Io guardo il giornale. Noi guardiamo i giornali.

1 Questa è la mia cámera. *Queste sono le mie cámere*
2 Il bagno è occupato. *I bagni sono occupati*
3 Io lavoro per la mia compagnía. *Io lavoro per le mie compagn*
4 Lo studente americano studia molto. *Gli studenti americani*
5 La sua valigia è vuota. *Le sue valigie sono vuote*
6 Il pasto comincia dopo le nove. *I pasti cominciano dopo*
7 Il nostro pensionante parla bene la lingua. *I nostri pensionan*
8 La signora arriva con la figlia. *Le signore arrivano con le*
9 Se la porta è aperta io entro. *Se le porte sono aperte io*
10 L'appartamento al primo piano è spazioso. *Gli appartamenti al primo piano*

HOME AND FAMILY

Read the conversation carefully, try and memorise the key phrases, then answer the questions in Exercise 8 below.

CONVERSATION B

María has just moved into her new flat and describes it to her friend Luigi.

Luigi Allora, sei contenta della tua nuova casa?
  Are you happy in your new home, then?
María Sì, abbastanza. Non è molto grande, ma almeno ci sono
  due cámere da letto per i bambini.
  *Yes, quite. It is not very big but at least there are two
  bedrooms for the children.*

Luigi	Quante stanze avete in tutto?
	How many rooms do you have altogether?
María	Tre cámere da letto, la sala, il tinello, la cucina e il bagno.
	Three bedrooms, dining room, breakfast room, kitchen and bathroom.
Luigi	E avete anche un bel terrazzo, vero?
	And you have a beautiful terrace, don't you?
María	Sì, siamo al quarto piano con un grande terrazzo sul davanti e una sala abbastanza spaziosa.
	Yes, we are on the fourth floor with a large terrace at the front and a fairly big dining room.
Luigi	Che bello! Così potete mangiár fuori d'estate.
	How lovely! So you can eat outside in the summer.
María	Appunto. E desideriamo invitare tutti i nostri amici il próssimo weekend. Venite anche voi, vero?
	Exactly. And next weekend we want to invite all our friends. You will come, won't you?
Luigi	Certo, molto volentieri. Scrivi qui il tuo nuovo indirizzo. Vivete lontano dal centro?
	Yes, we will be pleased to. Write your new address here. Do you live far from the centre?
María	Sì, viviamo in periferìa, ma c'è la metropolitana vicino.
	Yes, we live in the suburbs but there is the underground nearby.
Luigi	Beníssimo. Allora a sábato, ciao.
	Good. See you Saturday then. Goodbye.
María	Ciao Luigi. Arrivederci.
	'Bye Luigi. See you soon.

Exercise 8

Answer the following questions on Conversation B:

1 Quante cámere ha l'appartamento di María?
2 A che piano è?
3 Che cosa fa Luigi il próssimo weekend?
4 María vive vicino al centro?
5 C'è la metropolitana vicino alla casa di María?

Exercise 9

You live in a small house on the outskirts of London, with two bedrooms, a large kitchen and a big garden. Describe this to your business acquaintance signor Bianchi (B), who is planning to come and visit you.

Fill the gaps with the correct form of the words given in brackets:

B Lei ábita a Londra, vero?
You Sì, ma non in centro ... *(I live in the suburbs).*
B Ah, è difficile venire a casa Sua?
You No, ... *(there is the underground nearby).*
B È una casa o un appartamento?
You È ... *(a small house with a large garden).*
B In Inghilterra ci sono molte di queste case?
You Sì, al pianterreno c'è ... *(a large kitchen).*
B E al primo piano che cosa c'è?
You Ci sono ... *(two bedrooms and a bathroom).*
B Ma la vostra casa non è troppo lontana dall'ufficio?
You No, ... *(it is fairly near).*
B Siete proprio fortunati!

12 Present tense of '-ere' and '-ire' verbs

Italian verbs ending in **-ere** and **-ire** in the infinitive have very similar endings in the present:

	vívere *(to live)*	**dormire** *(to sleep)*
io	viv*o*	dorm*o*
tu	viv*i*	dorm*i*
Lei	viv*e*	dorm*e*
noi	viv*iamo*	dorm*iamo*
voi	viv*ete*	dorm*ite*
loro	vív*ono*	dórm*ono*

Other Italian verbs like **vívere** are: **préndere** (to take), **vedere** (to see), **scrívere** (to write). Verbs ending in **-ire** and conjugated like **dormire** are: **sentire** (to hear), **vestire** (to dress), **aprire** (to open).

There are many irregular verbs ending in **-ere** and **-ire** and they will be explained as they occur in the book.

Exercise 10

Complete the following sentences using the correct present tense of the verb given in brackets:

1 La signora Bianchi (vívere) in periferia.
2 I bambini (dormire) in una píccola cámera da letto.
3 Noi (préndere) il treno.
4 Voi (sentire) molto rumore dalla strada?
5 E tu perchè non (aprire) la finestra?
6 Voi (vedere) molti film alla televisione?
7 Gianni e María (vestire) con molta eleganza.
8 Voi non (sentire) mai il campanello.
9 Dove (méttere) le valigie lo studente?
10 Noi (conóscere) Firenze molto bene.

13 Possessive adjectives and pronouns

In order to establish ownership you use these possessive forms:

	m sing	*f sing*	*m pl*	*f pl*
my, mine	**mio**	**mia**	**miei**	**mie**
your, yours (fam.)	**tuo**	**tua**	**tuoi**	**tue**
his, her, hers	**suo**	**sua**	**suoi**	**sue**
your, yours (formal)	**Suo**	**Sua**	**Suoi**	**Sue**
our, ours	**nostro**	**nostra**	**nostri**	**nostre**
your, yours (plural)	**vostro**	**vostra**	**vostri**	**vostre**
their, theirs	**il loro**	**la loro**	**i loro**	**le loro**

Note: all these adjectives and pronouns agree with the thing possessed, *not* with the possessor:

la sua casa *his house*
i miei libri *my books*

Note also that in Italian they are preceded by an article:

la **nostra cámera** *our room*
i **vostri pensionanti** *your lodgers*

BUT the article is omitted with most of them before members of the family in the singular:

mio marito *my husband*
sua moglie *his wife*

Loro, however, is always used with an article:

il loro **padre**   *their father*

Exercise 11

Complete the following sentences using the correct form of the possessive adjectives with or without the articles, as in the rule above.

Example:

Questa è *(my)* cámera.   Questa è *la mia* cámera.

Questa è *(my)* moglie.   Questa è *mia* moglie.

 1 Oggi invitiamo Mario e *(his)* figli.
 2 *(her)* appartamento è al terzo piano.
 3 I Bianchi vívono con *(their)* famiglia.
 4 Vivete ancora con *(your)* genitori?
 5 Ho un appuntamento con *(my)* amici.
 6 Vai al cínema con *(your)* madre?
 7 Signora, Lei conosce *(our)* ditta?
 8 Questo è *(my)* padre.
 9 Signor Bianchi, dove sono *(your)* valigie?
10 Signori, sono queste *(your)* valigie?

RENTING A FLAT

Look first at the five questions in Exercise 12, then read (or listen to) the whole conversation a few times and see if you can answer the questions orally without looking at the English translation.

Then go through the conversation again, more thoroughly this time, and write the answers in Italian.

CONVERSATION C

Un appartamento da affittare
A flat to let

Mrs Smith (S) is renting a flat in Naples and wants to find out from the landlord, signor Piani (P), as much as possible about location, facilities etc.

P Abbiamo un appartamento ammobiliato líbero in luglio.
We have a furnished flat free in July.

S Dov'è l'appartamento?
Where is the flat?

P È vicino al centro di Nápoli.
Near the the centre of Naples.

S C'è una scuola vicino? Perchè i miei figli vanno ancora a scuola.
Is there a school nearby? Because my children are still at school.

P Sì, ci sono le scuole elementari e anche una scuola media.
Yes, there are primary schools and a middle school.

S C'è un garage per la nostra mácchina?
Is there a garage for our car?

P Sì, ma l'affitto del garage è extra.
Yes, but the rent for the garage is extra.

S Capisco. E quante stanze ci sono?
I understand. How many rooms are there?

P Tre cámere da letto, la sala da pranzo, il tinello, una cucina moderna e due bagni.
Three bedrooms, dining room, breakfast room, a modern kitchen and two bathrooms.

S A che piano è?
On what floor is it?

P Al sesto piano, ma c'è l'ascensore.
On the sixth, but there is a lift.

S L'appartamento è ammobiliato, vero? C'è tutto il necessario?
The flat is furnished, isn't it? Is everything provided?

P Sì, c'è la lavatrice, l'aspirapólvere, la lavapiatti e forniamo anche la bianchería se desídera.
Yes, there is a washing machine, a vacuum cleaner, a dishwasher and we provide linen if you wish.

S Beníssimo. Abbiamo noi la bianchería, ma i miei bambini chiédono se c'è anche la televisione.
Good. We do have bedlinen but my children want to know if there is a television as well.

P Sì, certo.
Yes, certainly.

S Ci sono negozi lì vicino? Questo è importante per noi.
Are there local shops? This is important for us.

P Sì, c'è un supermercato nella stessa strada e anche un mercato in Piazza Indipendenza.
Yes, there is a supermarket in the same road and also a market in Piazza Indipendenza.

S È possíbile avere le chiavi oggi per vedere l'appartamento?
   Is it possible to have the keys today to see the flat?
P Certo.
   Certainly.

14 'C'è' (there is) and 'ci sono' (there are)

As you have seen in the conversation, when you want to use 'there is' or 'there are' in Italian you use **c'è** and **ci sono**:

c'è un supermercato *there is a supermarket*
ci sono negozi *there are shops*

Note that **c'è** and **ci sono** remain the same with a question and in the negative form:

C'è la metropolitana? **No, non c'è.**
Is there the underground? *No, there isn't.*
Ci sono negozi? **Sì, ci sono molti negozi.**
Are there shops? *Yes, there are many shops.*

Exercise 12

Answer these questions concerning Conversation C as explained above. You can answer yes/no etc., but give a full reply if you can:

1 La signora Smith ha bambini?
2 L'affitto comprende il garage?
3 La signora desídera avere la biancheria?
4 Dov'è il mercato?
5 C'è tutto il necessario nell'appartamento?

15 Prepositions

The most commonly used prepositions are:

a   to, at
da from, by
di of
in in, at
su on

These prepositions are used in the same way as in English when they are followed by the indefinite article (**un, una, uno** or **un**):

di una signora
a un figlio

But when they are followed by the definite article (**il, lo, la, l', i, gli, le**) they contract and combine to form one word. These are all the possible forms of contracted prepositions:

	m sing	*f sing*	*m pl*	*f pl*
a	**al allo all'**	**alla all'**	**ai agli**	**alle**
da	**dal dallo dall'**	**dalla dall'**	**dai dagli**	**dalle**
di	**del dello dell'**	**della dell'**	**dei degli**	**delle**
in	**nel nello nell'**	**nella nell'**	**nei negli**	**nelle**
su	**sul sullo sull'**	**sulla sull'**	**sui sugli**	**sulle**

These are the only prepositions that have a contracted form in modern Italian. All the other prepositions which you will see in the book are separate from the following article:

per la ragazza   *for the girl*
con *i* miei figli   *with my children*

16   Possession

In Italian there is no equivalent of the English ''s' (as in 'the student's room'); possession is expressed by **di, del**, etc.:

the student's room   **la stanza *dello* studente**

These prepositions are also used in expressions like:

the kitchen door   **la porta *della* cucina**

17   Interrogatives

When asking the question 'whose?' in Italian you say **di chi?**:

Di chi è questa casa?   *Whose.house is this?*

'What?' is translated by **che?** or **che cosa?** (often shortened to **cosa?**):

Che/Che cosa/Cosa desídera?   *What do you want?*

'Where' is translated by **dove:**

Dove ábita?   *Where do you live?*

Exercise 13

Answer the following questions using the correct form of the contracted prepositions **del, dello, dell', della, dei, degli, delle:**

Example:
Di chi è questa stanza? (ragazza)   È *della* ragazza.
Whose room is this?   *It is the girl's.*

1 Di chi è l'appartamento? (signor Rossi)
2 Di chi è la scrivanía ? (studenti)
3 Di chi è questo libro? (mio amico)
4 Di chi è la mácchina? (signora Rossi)
5 Di chi è la cámera? (bambini)

Exercise 14

Put the correct form of the contracted prepositions **al, allo, all', alla, ai, agli, alle** *in the spaces provided:*

Example:
La stazione è vicino ... parco.   La stazione è vicino *al* parco.

1 Il ristorante è vicino ... zoo.
2 Il bar è vicino ... ristorante.
3 La sala è vicino ... cucina.
4 Il parco è vicino ... giardini.
5 La porta è vicino ... finestre.
6 I ragazzi sono vicino ... albergo.
7 I libri sono vicino ... studenti.

Exercise 15

Put the following sentences into the plural:

1 Trovo l'appartamento ammobiliato sul giornale.
2 La figlia della signora vive con il suo ragazzo.
3 Non vedo la differenza tra questa casa e l'altra.
4 La chiave della porta è dalla portinaia.
5 L'inquilino prende la cartolina dalla cassetta delle léttere.

Exercise 16

Put the following sentences into the singular:

1 Mettiamo la nostra mácchina in garage.
2 Partiamo per l'ufficio da soli.
3 Scrivete a vostra sorella oggi?
4 I suoi fratelli vívono qui?
5 Séntono molti rumori nelle strade affollate.

Exercise 17

Translate the following sentences:

1 Mary lives with her father in Rome.
2 My flat is near the centre of Milan.
3 Whose bedroom is this? It is the children's.
4 Their kitchen is small.
5 Where do you *(plural)* live, in a flat or (in) a house?

KEY PHRASES

Try and memorise these phrases to help you recall the main grammatical points and the subject matter of this chapter:

Dov'è il suo appartamento?
Quante stanze ci sono?
Di chi è questo?
Mio marito e i miei figli vívono in Italia.

NEW WORDS

a [ah]	to, at
abbastanza [ahb-bas-tahn-tsah]	quite, enough
affitto *m* [ahf-feet-toh]	rent
affollato [ahf-fohl-lah-toh]	crowded
allegro [ahl-leh-groh]	cheerful
allora [ahl-loh-hrah]	then
almeno [ahl-meh-noh]	at least
amico *m* [ah-mee-koh]	friend

amici *m pl* [ah-mee-chee]	friends
ammobiliato [ahm-moh-beel-yah-toh]	furnished
anche [ahn-keh]	also, too, as well
ancora [ahn-koh-hrah]	still, again, yet
aperto [ah-pehr-toh]	open
appuntamento *m* [ahp-poon-tah-mehn-toh]	appointment
appunto [ahp-poon-toh]	precisely
aprire [ah-pree-hreh]	to open
arrivederci [ahr-ree-veh-dehr-chee]	bye-bye, goodbye
aspirapólvere *m* [ahs-pee-hrah-póhl-veh-hreh]	vacuum cleaner
bagno *m* [bah-n'yoh]	bathroom
bambino *m* [bahm-bee-noh]	child
benvenuto [behn-veh-noo-toh]	welcome
bianchería *f* [biahn-keh-hree-ah]	linen
cámera da letto *m* [káh-meh-hrah dah leht-toh]	bedroom
cartolina *f* [kahr-toh-lee-nah]	postcard
cassetta delle léttere *f* [kahs-set-tah dehl-leh léht-teh-hreh]	letter box
che, che cosa [keh koh-zah]	what
chiédere [kyéh-deh-hreh]	to ask
ciao [chaoh]	hello, goodbye
colazione *f* [koh-lah-tzioh-neh]	breakfast
compagnía *f* [kom-pah-n'yee-ah]	company
contento [kohn-tehn-toh]	happy
corridoio *m* [kohr-hree-doy-oh]	corridor
così [koh-zèe]	so, like this
cucina *f* [koo-chee-nah]	kitchen
da [dah]	from, by
davanti a [dah-vahn-tee ah]	in front of
desiderare [deh-zee-deh-hrah-hreh]	to wish
destra [dehs-trah]	right
differenza *f* [deef-feh-hren-tsah]	difference
difficile [deef-fée-chee-leh]	difficult
ditta *f* [deet-tah]	firm
dormire [dohr-mee-hreh]	to sleep
due [doo-eh]	two
estate *f* [ehs-tah-teh]	summer
extra [ehks-trah]	extra
famiglia *f* [fah-mee-l'yah]	family
figlio *m* [fee-l'yoh]	son, child
finestra *f* [fee-nehs-trah]	window

fratello *m* [frah-tehl-loh]	brother
fuori [fwoh-hri]	outside
garage *m* [gah-hrah-jeh]	garage
genitori *m pl* [jeh-nee-toh-hree]	parents
giardino *m* [jahr-dee-noh]	garden
giornale *m* [johr-nah-leh]	newspaper
grande [grahn-deh]	big
importante [im-pohr-tahn-teh]	important
indirizzo *m* [in-dee-hreedz-zoh]	address
in fondo a [in fohn-doh ah]	at the end of
inquilino *m* [in-qwee-lee-noh]	tenant
in tutto [in toot-toh]	altogether
invitare [in-vee-tah-hreh]	to invite
lavapiatti *f* [lah-vah-piaht-tee]	dishwasher
lavatrice *f* [lah-vah-tree-cheh]	washing machine
lingua *f* [lin-gwah]	language
lontano da [lohn-tah-noh dah]	far from
luglio *m* [loo-l'yoh]	July
ma [mah]	but
mácchina *f* [máhk-kee-nah]	car
madre *f* [mah-dreh]	mother
mangiare [mahn-jah-hreh]	to eat
Metropolitana *f* [meh-troh-poh-lee-tah-nah]	Underground
méttere [méht-teh-hreh]	to put
móbili *m pl* [móh-bee-lee]	furniture
moderno [moh-dehr-noh]	modern
negozio *m* [neh-goh-dzioh]	shop
occupato [ohk-koo-pah-toh]	busy
occupazione *f* [ohk-koo-pah-dzioh-neh]	occupation
óspite *m & f* [óhs-pee-teh]	guest
padre *m* [pah-dreh]	father
pasto *m* [pahs-toh]	meal
pensionante *m & f* [pehn-sioh-nahn-teh]	paying guest
periferia *f* [peh-hree-feh-hree-ah]	suburbs
piano *m* [piah-noh]	floor
pianterreno *m* [pian-tehr-hreh-noh]	ground floor
piazza *f* [piadz-zah]	square
porta *f* [pohr-tah]	door
portinaio *m* [pohr-tee-nay-oh]	doorkeeper
possíbile [pohs-sée-bee-leh]	possible
potere [poh-teh-hreh]	to be able

préndere [préhn-deh-hreh]	to take, to fetch
primo [pree-moh]	first
próssimo [próhs-see-moh]	next
quarto [qwahr-toh]	fourth
ragazzo *m* [hrah-gadz-zoh]	boy, boyfriend
roba *f* [hroh-bah]	belongings, things
rumore *m* [hroo-moh-hreh]	noise
sábato *m* [sáh-bah-toh]	Saturday
sala da pranzo *f* [sah-lah dah prahn-dzoh]	dining room
scrivanía *f* [skree-vah-nee-ah]	desk
scrívere [skrée-veh-hreh]	to write
scuola *f* [sqwoh-lah]	school
scuola elementare *f* [eh-leh-mehn-tah-hreh]	primary school
scuola media *f* [meh-diah]	middle school
sentire [sehn-tee-hreh]	to hear
sesto [sehs-toh]	sixth
sgabuzzino *m* [sgah-boodz-zee-noh]	boxroom
sorella *f* [soh-hrehl-lah]	sister
spazioso [spah-dzioh-zoh]	roomy
stanza *f* [stahn-dzah]	room
su [soo]	on
supermercato *m* [soo-pehr-mehr-kah-toh]	supermarket
televisione *f* [teh-leh-vee-zioh-neh]	television
terrazzo *m* [tehr-hradz-zoh]	terrace
tinello *m* [tee-nehl-loh]	breakfast room
tra [trah]	among, between
trovare [troh-vah-hreh]	to find
valigia *f* [vah-lee-jah]	suitcase
vedere [veh-deh-hreh]	to see
vuoto [vwoh-toh]	empty
weekend *m* [week-end]	weekend
zio *m* [dzee-oh]	uncle

Chapter 3

In this chapter you will learn to ask the way, use public and private transport, ask about tickets and find out times of arrivals and departures.

The grammar will include:
* *demonstrative adjectives and pronouns (this, that, those etc.)*
* *indefinite adjectives (some, any etc.)*
* *use of perfect tense and irregular past participles*
* *telling the time*
* *numbers up to 1000*
* *irregular verbs:* **andare** *(to go) and* **fare** *(to do, make)*

ASKING THE WAY, BUYING TICKETS

CONVERSATION A

Alla CIT
At the Italian State Tourist Office

Peter Taylor wants to get to know Rome and goes to **CIT**
(**Compagnía Italiana Turismo**) to ask the agency clerk,
signorina Carla Sacchi, for a map of the city and information
about public transport.

Peter Buongiorno, signorina. Scusi, ha una cartina di Roma?
      Good morning, Miss. Do you have a map of Rome, please?
Carla In inglese o in italiano?
      In English or in Italian?
Peter In italiano, grazie. Studio l'italiano all'università e così
      imparo di più.
      In Italian please. I'm studying Italian at the university and
      this way I learn more.
Carla Buon'idea. Éccola. Desídera qualche altra informazione?
      Good idea! Here it is. Do you want any other information?
      [Peter apre la cartina] *[Peter opens the map]*

Peter È questa l'università?
Is this the university?

Carla No, quello è il politécnico. Questi sono gli istituti universitari.
No, that's the polytechnic. These are the university institutes.

Peter Grazie, e c'è un áutobus o la metropolitana?
Thank you, is there a bus or the underground?

Carla Dunque, vede qui sulla carta, questa è la metropolitana, e qui c'è la fermata dell'áutobus.
Well, you see here on the map, this is the underground and here is the bus stop.

Peter Grazie mille, signorina. Dove compro i biglietti per l'áutobus?
Thank you very much. Where can I buy the tickets for the bus?

Carla Dal tabaccaio o dal giornalaio. Cóstano settecentocinquanta lire l'uno. Ogni biglietto è válido per settantacinque minuti.
At the tobacconist's or newsagent's. They cost 750 lire each. Each ticket is valid for 75 minutes.

Peter Settantacinque minuti per qualsíasi distanza?
75 minutes whatever the distance?

Carla Sì, anche quando cambia áutobus.
Yes, even when you change bus.

Peter Grazie. Arrivederci.
Thank you. Goodbye.

Carla Arrivederci e buon soggiorno.
Goodbye and have a nice stay.

Exercise 18

Read or listen to Conversation A carefully, then answer the following questions:

1 Dove va Peter?
2 Che cosa desídera?
3 Dove compra i biglietti per l'áutobus?
4 Per quanti minuti è válido un biglietto?
5 Quanto costa il biglietto?

18 Demonstrative adjectives and pronouns

'This' and 'these' are translated by:

questo *(m sing)*
questa *(f sing)*

questi *(m pl)*
queste *(f pl)*

These adjectives and pronouns are regular in all their forms:

questo áutobus è in ritardo	*this bus is late*
questa è la Sua cartina	*this is your map*
questi sono gli istituti	*these are the institutes*
queste fermate sono obbligatorie	*these are compulsory stops*

'That' and 'those' are translated by:

quel, quell', quello	*(m sing)*
quella, quell'	*(f sing)*
quei, quegli	*(m pl)*
quelle	*(f pl)*

Note that the masculine forms have the same endings as the definite articles (**il, lo, l', i, gli**) according to whether the word that follows begins with a vowel or a consonant. So you use:

quel	when you would use	**il**	(before consonants)
quell'	when you would use	**l'**	(before vowels)
quello	when you would use	**lo**	(before z, s + consonant, **gn**)
quei	when you would use	**i**	(before consonants)
quegli	when you would use	**gli**	(before vowels, z and s + consonant, **gn**)

Examples:

Quel semáforo non funziona.	*Those traffic lights don't work.*
Quell'áutobus è in orario.	*That bus is on time.*
Quello studente è inglese.	*That student is English.*
Quella motocicletta è pericolosa.	*That motorcycle is dangerous.*
Quell'automóbile è guasta.	*That car is not working.*
Quei viaggiatori sono seduti.	*Those travellers are seated.*
Quegli sportelli sono aperti.	*Those doors are open.*
Quelle gomme sono sgonfie.	*Those tyres are flat.*

BUT the demonstrative *pronouns* (i.e. when **quello, quelli, quella** and **quelle** are used on their own) have regular endings in the singular and in the plural:

Quello è l'ufficio informazioni.	*That's the information office.*
Quelli sono tutti posti prenotati.	*Those are all booked seats.*

Note that these pronouns also translate the English 'the one/ones':

Quel posto è occupato, prendo *quello* vicino al finestrino.
That seat is taken, I am taking the one *near the window.*

Exercise 19

Change the following sentences using **quel, quell', quello, quella, quei, quegli, quelle** *instead of the definite articles.*

Example:
I treni sono veloci.   *Quei* treni sono veloci.

1 La cartina è gratis.
2 L'áutobus è affollato.
3 Il treno è veloce.
4 Lo scompartimento è riservato.
5 Partite con gli amici di Emma?
6 Porti le valigie in stazione?
7 I biglietti sono di andata e ritorno.
8 Gli orari non sono giusti.
9 Parti con l'aéreo?
10 Sono líberi i posti?

Exercise 20

Translate the following sentences:

1 This is my seat.
2 These tickets are valid for three hours.
3 These are my Italian guests.
4 We take that train.
5 Is that the bus stop?
6 Those children are English.
7 We travel on that bus.
8 Those are my suitcases.
9 That [train] door is open.
10 This is the station.

19 Indefinite adjectives

The indefinite adjectives are **qualche** (some), **ogni** (every),
qualsíasi/qualunque (any, whatever).

ogni vagone	*every/each carriage*
qualche ora	*some hours*
qualsíasi distanza	*whatever distance*
qualunque autostrada	*any motorway*

Note: these indefinite adjectives are ALWAYS singular in Italian:

Qualche **treno** *arriva* **in orario.**   *Some trains arrive on time.*

BUSES AND TRAINS

CONVERSATION B

Alla fermata dell'áutobus
At the bus stop

Peter is now at the bus stop waiting to catch the bus to the
university. Signora Mazzi, who is also waiting there, starts talking
to him.

Signora   Prende anche Lei il trédici?
        Are you also taking the 13?
Peter   Veramente non sono sicuro. Qual è l'áutobus per
        l'università?
        I'm not sure actually. Which is the bus for the university?
Signora   Quello è il venticinque e passa ogni dieci minuti.
        That's the 25 and there is one every 10 minutes.
Peter   Scusi, che ore sono adesso?
        What's the time, please?
Signora   Sono le úndici e mezzo.
        Half past eleven.
Peter   Grazie, signora. E Lei dove va?
        Thank you. Where are you going?
Signora   Ho un appuntamento con mia figlia, in Piazza Navona
        a mezzogiorno.
        *I have an appointment with my daughter in Piazza Navona
        at midday.*

Peter   Quanto ci vuole in áutobus?
How long does it take by bus?
Signora Circa un quarto d'ora. Ma, vede quell'áutobus? È il
venticinque. È proprio fortunato Lei!
About a quarter of an hour. But do you see that bus? It's
the 25, you are really lucky!

Exercise 21

Read or listen to Conversation B several times and, when you are sure
you remember the key points, answer these questions:

1 Dove va l'áutobus 13?
2 Che ore sono?
3 A che ora ha appuntamento la signora?
4 Quanto ci vuole per andare in Piazza Navona?
5 Che áutobus va all'università?

20 Numbers

1	uno	16	sédici
2	due	17	diciassette
3	tre	18	diciotto
4	quattro	19	diciannove
5	cinque	20	venti
6	sei	30	trenta
7	sette	40	quaranta
8	otto	50	cinquanta
9	nove	60	sessanta
10	dieci	70	settanta
11	úndici	80	ottanta
12	dódici	90	novanta
13	trédici	100	cento
14	quattórdici	200	duecento
15	quíndici	1,000	mille

Note: all numbers in Italian are written as one word. So:

23	**ventitrè**
197	**centonovantasette**
865	**ottocentosessantacinque**

BUT: when using tens and units you drop the endings of **venti, trenta, quaranta** etc. before **uno** and **otto**:

21	**ventuno**	31 **trentuno**	41 **quarantuno** etc.
28	**ventotto**	38 **trentotto**	48 **quarantotto** etc.

21 Telling the time

What's the time?

To ask the time in Italian you say: **Che ore sono?** or **Che ora è?**

The answer is: **Sono le** ... followed by the hour and then the minutes.

it is 5.30		**sono le cinque e mezzo**
it is 6.00		**sono le sei**
it is 6.15		**sono le sei e un quarto**
it is 6.45		**sono le sei e tre quarti**
	or:	**sono le sette meno un quarto**
it is 6.05		**sono le sei e cinque**
it is 6.55		**sono le sei e cinquantacinque**
	or:	**sono le sette meno cinque**

Note that **mezzogiorno** (midday), **mezzanotte** (midnight) and **l'una** (one o'clock) are used with **è**:

it is midday	**è mezzogiorno**
it is midnight	**è mezzanotte**
it is one o'clock	**è l'una**

Note also that instead of using 'a.m.' or 'p.m.' in Italian you use the 24 hour system:

it is 8.20 p.m.	**sono le venti e venti**

Exercise 22

Write down the time in Italian as in the examples below:

12.30   È mezzogiorno e mezzo.
7.45   Sono le sette e tre quarti/Sono le otto meno un quarto.

1   2.30
2   3.00
3   21.00

4	12.15
5	24.00
6	4.45
7	8.35
8	1.30
9	2.50
10	7.10

At what time?

To ask 'at what time' something happens you say **a che ora**:

At what time does the bus leave?	**A che ora parte l'áutobus?**
At 4.30.	**Alle quattro e mezzo.**
At one o'clock.	**All'una.**
At midnight.	**A mezzanotte.**

Exercise 23

Change the following statements into question and answer using **a che ora**:

Example:

Il treno parte alle 8.	*Question:*	A che ora parte il treno?
	Answer:	Alle otto.

1 L'áutobus parte alle 6.
2 L'aéreo parte alle 7.30.
3 Il treno parte alle 22.30.
4 Il treno arriva alle 17.25.
5 L'áutobus arriva alle 13.15.

CONVERSATION C

Alla stazione
At the station

Peter Taylor is at the **Stazione Términi** in Rome to meet his friend Luisa, who has just arrived from Siena.

Peter Ciao Luisa, finalmente sei arrivata!
Hello Luisa, you've arrived at last!

Luisa Scusa, Peter, ma il treno è partito in ritardo già da Siena.
Sorry, Peter, but the train left already late from Siena.

Peter Non importa. Sei stanca adesso? A che ora sei partita da casa?
It's all right. Are you tired? What time did you leave home?

Luisa Sono partita da casa alle sei! Prima sono andata in bicicletta fino alla stazione e poi ho aspettato il treno per un'ora.
I left at six! First I went by bike to the station and then I waited one hour for the train.

Peter Allora, andiamo súbito a mangiare qualcosa. Ho già prenotato il ristorante.
Then let's go and eat straight away. I have already booked the restaurant.

Luisa Beníssimo, grazie Peter. Hai avvisato la tua padrona di casa?
Fine, thank you, Peter. Have you warned the landlady?

Peter Certo. E ha già preparato la cámera per te.
Yes. She has already got the room ready for you.

22 Past participles

Preparato, **venduto**, **finito** (prepared, sold, finished) are the past participles of **preparare**, **véndere** and **finire**. They are formed by removing -are, -ere, -ire from the infinitive and adding -ato, -uto, -ito.

23 Perfect tense

When you want to talk about what you have already done, seen etc. in Italian you use the perfect tense. This is formed as follows:

(a) for most verbs by using the present tense of **avere** (to have) and the past participle:

ho			
hai			
ha	preparato	venduto	finito
abbiamo			
avete			
hanno			

Examples:

Ieri Marco ha preparato il pranzo.
Yesterday Mark prepared lunch.
Ieri abbiamo venduto la casa.
Yesterday we sold the house.
Ieri ho finito alle 9.
Yesterday I finished at 9.

(b) by using the present tense of **éssere** (to be) followed by the past participle with *intransitive* verbs (i.e. verbs which have no direct object). These include the verbs of motion: 'to go', 'to arrive', 'to leave', and of lack of motion, 'staying', like **stare,**★ **rimanere** etc.:

	andare (to go)	**cadere** (to fall) ·	**partire** (to leave)
sono	**andato, andat***a*	**caduto, cadut***a*	**partito, partit***a*
sei	" "	" "	" "
è	" "	" "	" "
siamo	**andat***i*, **andate**	**cadut***i*, **cadute**	**partit***i*, **partite**
siete	" "	" "	" "
sono	" "	" "	" "

Note that with these verbs the past participle must agree with the subject:

María è caduta.   *Mary (f) has fallen.*
Marco è caduto.   *Mark (m) has fallen.*
Gli studenti sono andati. *The students (m pl) have gone.*
Le ragazze sono state qui. *The girls (f pl) have been [stayed] here.*

★ Note that **stare** and **éssere** are the same in the perfect tense: **sono stato/a** (I have been/stayed) etc.

Exercise 24

Answer the following questions on Conversation C:

1 Dove è andato Peter?
2 Perchè è arrivata in ritardo Luisa?
3 Da dove è partita Luisa?
4 Che cosa ha prenotato Peter?
5 Che cosa ha preparato la padrona di casa?

Exercise 25

Change the following sentences using **ieri** *(yesterday) and the past tense*:
Example:
Luisa arriva alle tre.   *Ieri* Luisa *è arrivata* alle tre.

1 Mario arriva alle tre.
2 Il treno parte alle nove.
3 L'áutobus arriva in ritardo.
4 María parte con il treno.
5 I signori Bianchi arrívano alle due.
6 Le valigie cádono per terra.
7 La signorina va in mácchina.
8 Noi *(f)* partiamo all'una.
9 Voi *(m)* andate in treno?
10 I viaggiatori vanno a préndere il taxi.

Exercise 26

Change these sentences using **un'ora fa** *(an hour ago) and the perfect tense of the verbs*:

Examples:
Preparo la cámera.   *Un'ora fa ho preparato* la cámera.
Sentiamo la radio.   *Un'ora fa abbiamo sentito* la radio.

1 Guido la mácchina.
2 Mangio il pranzo.
3 María prepara la colazione.
4 Vendiamo la nostra mácchina.
5 Cómprano i biglietti.
6 I passeggeri guárdano l'orario.
7 Senti questo rumore?
8 Finiamo il pranzo.
9 Prenotiamo il ristorante.
10 Pórtano le valigie sul treno.

BY PLANE AND CAR

CONVERSATION D

Un viaggio d'affari
A business trip

Francesca (F) has come back from a business trip to Sardinia and tells her husband Marino (M) what she has done and seen there.

F   Ciao Marino, finalmente sono arrivata.
   Hello Marino, I've arrived at last.
M   Ciao. Com'è andato il volo?
   Hello. How was the flight?
F   Bene. Ma l'aéreo ha fatto scalo ad Alghero e il volo è durato tre ore.
   Fine, but the plane stopped in Alghero and the flight lasted three hours.
M   Sei stata sempre a Cágliari?
   Did you stay in Cagliari all the time?
F   No, ho preso una mácchina a noleggio e sono andata anche a Nuoro per due giorni.
   No, I hired a car and went to Nuoro as well for two days.
M   Ci sono stato anch'io. È bella vero?
   I've been there too. It's beautiful, isn't it?
F   Sì, molto, ma non ho avuto molto tempo per vedere la città.
   Yes, very. But I didn't have much time to see the town.
M   Hai firmato quel famoso contratto per il nuovo albergo?
   Did you sign that famous contract for the new hotel?
F   Sì, ho deciso di accettare la loro offerta. E ho anche visto il nuovo direttore.
   Yes, I decided to accept their offer. I saw the new manager too.
M   Bene. Hai fatto molto.
   Good. You've done a lot.
F   Eh sì, ma la próssima volta vorrei restare più a lungo. E tu, cos'hai fatto di bello?
   Yes, but next time I'd like to stay longer. And what have you been doing?
M   Anch'io ho lavorato molto. Ma, vedi, ho anche preparato il tuo piatto preferito per stasera.
   I worked hard too. But, look, I've also prepared your favourite dish for tonight.
F   Fantástico! Sei stato bravo.
   Great! You've been really good.

24 Irregular verbs

Irregular past participles Perfect tense

decídere:	deciso	ho deciso	(I have decided, I decided)
éssere:	stato	sono stato, stata	(I have been)
fare:	fatto	ho fatto	(I have done, I did)
préndere:	preso	ho preso	(I have taken, I took)
vedere:	visto	ho visto	(I have seen, I saw)

Irregular present

fare (to do, make)	andare (to go)
faccio	vado
fai	vai
fa	va
facciamo	andiamo
fate	andate
fanno	vanno

Exercise 27

You have just arrived from Sardinia and your host (O) asks you about your journey. Complete the dialogue using the clues given:

O Buongiorno signor Taylor, ben arrivato. Com'è andato il viaggio?

You *(Very well, thank you. But my plane left late from Rome. So I arrived late in Cagliari.)*

O A che ora è partito da Roma?

You *(At 10.45, but I left home at 7 o'clock.)*

O Ha preso il taxi dall'aeroporto?

You *(No, I hired a car.)*

O C'è sempre molto tráffico, vero?

You *(Yes, but I decided to hire the car for one week.)*

O È un'óttima idea, così è più fácile visitare la città e i dintorni.

You *(I have not seen the centre of Rome. I would like to go to all the famous places.)*

Exercise 28

Rewrite Conversation D as a report of what Francesca did in Sardinia, beginning with Oggi Francesca è tornata ...

KEY PHRASES

Try and memorise these key phrases covering the grammar and topics of this chapter:

Quel ragazzo ha preso l'áutobus.
A che ora parte il treno?
Parte alle diciannove.
Ieri sono andata in Sardegna.

NEW WORDS

aéreo *m* [ah-éh-hreh-oh]	aeroplane
aeroporto *m* [ah-eh-hroh-pohr-toh]	airport
affari *m pl* [af-fah-hree]	business
affollato [af-fohl-lah-toh]	crowded
albergo *m* [ahl-behr-goh]	hotel
Alghero *f* [ahl-geh-hroh]	Alghero
andare [ahn-dah-hreh]	to go
andata e ritorno (biglietto di) [ahn-dah-tah eh hree-tohr-noh]	return (ticket)
arrivare [ahr-ree-vah-hreh]	to arrive
aspettare [ahs-peht-tah-hreh]	to wait for
áutobus *m* [ów-toh-boos]	bus
automóbile *f* [ow-toh-móh-bee-leh]	car
autostrada *f* [ow-toh-strah-dah]	motorway
avvisare [ahv-vee-zah-hreh]	to warn
bicicletta *f* [bee-chee-kleht-tah]	bicycle
biglietto *m* [bee-l'yeht-toh]	ticket
bravo [brah-voh]	good, clever
cadere [kah-deh-hreh]	to fall
Cágliari *f* [káh-l'yah-hree]	Cagliari
cambiare [kahm-byah-hreh]	to change
caro [kah-hroh]	dear, expensive
cartina, carta *f* [kahr-tee-nah, kahr-tah]	map

chiesa *f* [kieh-zah]	church
città *f* [cheet-tàh]	town, city
ci vuole [chee-vwoh-leh]	it takes
comprare [kom-prah-hreh]	to buy
con [kon]	with
contratto *m* [kon-traht-toh]	contract
corso *m* [kohr-soh]	road, high street
costare [kos-tah-hreh]	to cost
decídere [deh-chée-deh-hreh]	to decide
di più [dee pyòo]	more
direttore *m* [dee-hreht-toh-hreh]	director
diritto [dee-hreet-toh]	straight
distanza *f* [dees-tahn-tzah]	distance
dunque [doon-qweh]	so, then
durata *f* [doo-hrah-tah]	duration
éccola [éhk-koh-lah]	here she/it is
fácile [fáh-chee-leh]	easy, simple
fantástico [fahn-táhs-tee-koh]	fantastic
fare [fah-hreh]	to do, make
fermata *f* [fehr-mah-tah]	stop
ferrovía *f* [fehr-roh-vee-ah]	railway
finalmente [fee-nahl-mehn-teh]	at last
finire [fee-nee-hreh]	to finish
fino a [fee-noh ah]	until
giornalaio *m* [johr-nah-lay-oh]	newsagent
giusto [joos-toh]	right
gomma *f* [gohm-mah]	tyre
gratis [grah-tees]	free
guasto [gwahs-toh]	broken down, not working
guidare [gwee-dah-hreh]	to drive
idea *f* [ee-deh-ah]	idea
imparare [im-pah-hrah-hreh]	to learn
informazione *f* [in-fohr-mah-dzioh-neh]	information
in orario [in oh-hrah-hrioh]	on time
in ritardo [in hree-tahr-doh]	late
istituto *m* [is-tee-too-toh]	institute, faculty
lezione *f* [leh-dzioh-neh]	lesson
mezzanotte *f* [mehdz-zah-noht-teh]	midnight
mezzo [mehdz-zoh]	half
mezzogiorno *m* [mehdz-zoh-johr-noh]	midday
mille grazie [meel-leh grah-tzieh]	many thanks

minuto *m* [mee-noo-toh]	minute
motocicletta *f* [moh-toh-chee-kleht-tah]	motorcycle
museo *m* [moo-zeh-oh]	museum
noleggio *m* [noh-lehj-joh]	hire
obbligatorio [ohb-blee-gah-toh-hrioh]	compulsory
offerta *f* [ohf-fehr-tah]	offer
ogni [oh-n'yee]	every
ora *f* [oh-hrah]	hour
orario *m* [oh-hrah-hrioh]	timetable
padrona *f* [pah-droh-nah]	landlady
partire [pahr-tee-reh]	to leave
passare [pahs-sah-hreh]	to pass, spend, go by
passeggero *m* [pahs-sehj-jeh-hroh]	passenger
per terra [pehr tehr-hrah]	on the floor
perchè [pehr-kèh]	why, because
piatto *m* [piaht-toh]	dish, plate
più a lungo [pyóo ah loon-goh]	longer (time)
poi [poy]	then
politécnico *m* [poh-lee-téhk-nee-koh]	polytechnic
portare [pohr-tah-hreh]	to carry
posto *m* [pohs-toh]	seat, place
pranzo *m* [prahn-tzoh]	lunch
preferito [preh-feh-hree-toh]	favourite
prenotare [preh-noh-tah-hreh]	to book
preparare [preh-pah-hrah-hreh]	to prepare
proprio [proh-prioh]	really, quite
qual, quale [kwahl, kwah-leh]	which
qualche [kwal-keh]	some
qualcosa [kwahl-koh-zah]	something
qualsíasi [kwahl-sée-ah-see]	whatever, any
qualunque [kwahl-oon-kweh]	whatever, any
quando [kwahn-doh]	when
radio *f* [hrah-dioh]	radio
riservato [hree-zehr-vah-toh]	reserved, booked
ritardo *m* [hree-tahr-doh]	delay
ritornare/tornare [hree-tohr-nah-hreh]	to go/come back, return
salire [sah-lee-hreh]	to climb, go up
scéndere [shéhn-deh-reh]	to go down, to descend
scompartimento *m* [skohm-pahr-tee-mehn-toh]	compartment
seduto [seh-doo-toh]	seated

semáforo *m* [seh-máh-foh-hroh]	traffic lights
sempre [sehm-preh]	always
sgonfio [zgohn-fioh]	flat (tyre)
sicuro [see-koo-hroh]	sure
soggiorno *m* [sohj-johr-noh]	stay
sportello *m* [spohr-tehl-loh]	door (of car, train)
stanco [stahn-koh]	tired
stasera [stah-zeh-hrah]	tonight
studiare [stoo-diah-hreh]	to study
tabaccaio *m* [tah-bahk-kay-oh]	tobacconist
taxi *m* [tahk-see]	taxi
tráffico *m* [tráhf-fee-koh]	traffic
treno *m* [treh-noh]	train
ufficio informazioni *m*	
[oo-fee-choh in-fohr-mah-dzioh-nee]	enquiry desk
università *f* [oo-nee-vehr-see-tàh]	university
vagone *m* [vah-goh-neh]	carriage
válido [váh-lee-doh]	valid
veloce [veh-loh-cheh]	fast
véndere [véhn-deh-hreh]	to sell
veramente [veh-hrah-mehn-teh]	really
vettura *f* [veht-too-hrah]	carriage
via *f* [vee-ah]	street
volo *m* [voh-loh]	flight
volta *f* [vohl-tah]	time
vorrei [vohr-reh-ee]	I would like

Chapter 4

In this chapter you will learn to book a room, ask for facilities and talk
to an agent about buying property.

The grammar includes:
- modal verbs ('want', 'must', 'can')
- verbs in -isco: finire, pulire, capire
- imperative
- date: year, months, days of the week
- numbers from 1000 to 1,000,000,000
- irregular verbs: venire (to come), tenere (to keep), dare (to give),
  stare (to stay).

LOOKING FOR A ROOM

CONVERSATION A

All'agenzia di soggiorno
At the tourist agency

Rita is on holiday on Lake Garda and is looking for cheap
accommodation. At the local tourist agency she talks to Gianni:

Gianni	Buongiorno signorina, desídera?
	Good morning, may I help you?
Rita	Vorrei restare a Garda per due settimane. Ci sono pensioni non troppo care?
	I would like to stay in Garda for two weeks. Are there any cheap boarding houses?
Gianni	La pensione completa costa trentacinquemila lire al giorno come mínimo.
	Full board is 35,000 lire minimum.
Rita	Preferisco qualcosa di meno caro.
	I'd prefer something cheaper.
Gianni	Può andare in campeggio: cinquemila lire per notte più l'affitto della tenda.
	You can go to a camp site: 5,000 lire a day plus the hire of the tent.

Rita	Ci sono anche cámere in case private?
	Are there rooms in private houses as well?
Gianni	Certo, ma deve fissare il prezzo con la padrona. Vuole guardare la lista?
	Yes, but you must arrange the price with the landlady. Do you want to see the list?
Rita	Grazie, volentieri. E qual è il prezzo di solito?
	Yes, I'd be pleased to. What's the price usually?
Gianni	Dalle diecimila alle quindicimila lire per notte.
	From 10 to 15 thousand lire a night.
Rita	Così è meglio per me. Grazie della lista. Arrivederci.
	That's better for me. Thank you for the list. Goodbye.

25 Modal verbs: 'volere' (want), 'potere' (can), 'dovere' (must)

In Italian, as in English, modal verbs are used with the infinitive of the following verb:

vuole guardare   *you* (formal) *want to look at*
può andare   *you* (formal) *can go*
deve fissare   *you* (formal) *must arrange*

Present tense

Note that these verbs are irregular in the present:

volere	potere	dovere
voglio (I want)	**posso** (I can)	**devo** (I must)
vuoi	**puoi**	**devi**
vuole	**può**	**deve**
vogliamo	**possiamo**	**dobbiamo**
volete	**potete**	**dovete**
vógliono	**póssono**	**dévono**

Note also that, as in English, when you say what you want it is more polite to say **vorrei** (I would like):

vorrei restare   *I would like to stay*

(For more information on this form of the verb see Chapter 5.)

Exercise 29

Translate into Italian:

1 Rita wants to rent a flat.
2 Can't I look at this list?
3 I would like to book a room.
4 We cannot pay much.
5 We must leave at 9.
6 Do you *(pl)* want to go to a camp site?
7 They can come today.
8 He must pay more.
9 Do you *(formal)* want to stay in a boarding house?
10 If I can I want to stay in Venice for three days.

26 Verbs ending in '-isco'

There is a group of verbs ending in **-ire** which form the present tense adding **-isc** in front of most of the endings:

finire (to finish)

fin*isc*o
fin*isc*i
fin*isc*e
finiamo
finite
fin*isc*ono

Other verbs like **finire** are:

preferire	**prefer*isc*o**	(I prefer)
pulire	**pul*isc*o**	(I clean)
capire	**cap*isc*o**	(I understand)

Exercise 30

Answer the following questions, addressed to you in the formal form, using **voglio**, **posso** *or* **devo** *plus infinitive and expression given:*

Example:

Quando deve partire? ... adesso   *Devo* partire *adesso.*
Quando vuole andare? ... all'una   *Voglio* andare *all'una.*

1 Quando deve andare? ... più tardi
2 Dove deve aspettare? ... alla stazione
3 Chi deve vedere? ... la mia padrona di casa
4 Quando vuole venire? ... alle tre
5 Dove vuole restare? ... all'albergo
6 Chi vuole vedere? ... i miei amici
7 Quando può venire? ... a mezzogiorno
8 Dove può restare? ... al campeggio
9 Chi può invitare? ... una collega
10 Quando può pagare? ... stasera

BUYING PROPERTY

CONVERSATION B

All'agenzia immobiliare
At the estate agency

Hugh O'Sullivan wants to buy a small house in Umbria and is looking at various properties with signorina Dossi, the estate agent:

Dossi Ho preparato una lista di varie proprietà come vuole Lei.
I have prepared a list of various properties as you wanted.
Hugh Guardi, io non posso spéndere più di quindicimila sterline.
But you see, I cannot spend more than 15,000 pounds.
Dossi Cioè più o meno trenta milioni di lire. Per quel prezzo abbiamo appartamenti non restaurati a Gubbio e anche qualche casetta fuori.
That is more or less 30 million lire. For that price we have unrestored flats in Gubbio and also some small houses outside.
Hugh Vorrei una casetta in campagna, ma le case quanto cóstano?
I'd like a small country house, but how much are they?
Dossi Ci sono rústici per trentacinque milioni di lire, ma dévono éssere rimodernati.
There are farmhouses for 35 million lire but they need modernising.
Hugh Capisco, ma ci sono l'acqua e la luce eléttrica?
I see, but is there water and electric light?

Dossi   Sì. Prenda questi fogli con le fotografie e tutti i particolari
delle case. Controlli dove sono sulla piantina e vada pure
a vedere dal di fuori.
Yes. Take these papers with photos and all the details of the
houses. Check where they are on the map and do go and see
them from the outside.

Hugh   Óttima idea. E se voglio visitare l'interno, teléfono.
Very good idea. And if I want to see the inside I will phone.

Dossi   Ma se vuole vedere diverse case, teléfoni al mattino, così
ho più tempo.
But if you want to see several houses, phone in the morning
when I have more time.

Exercise 31

Read the dialogue carefully, then answer the following questions:

1 Che tipo di proprietà vuole il signor O'Sullivan?
2 Dove preferisce abitare?
3 Può trovare un appartamento a Gubbio per trenta milioni?
4 Il signor O'Sullivan può visitare l'interno delle case?
5 C'è l'acqua in questi rústici?

27 Imperative

When you want to ask or tell people to do something for you, you
use the imperative. These are the familiar, formal and plural
forms of the imperative:

parlare	préndere	sentire	finire
(tu) parla!	**prendi!**	**senti!**	**finisci!**
(Lei) parli!	**prenda!**	**senta!**	**finisca!**
(noi) parliamo!	**prendiamo!**	**sentiamo!**	**finiamo!**
(voi) parlate!	**prendete!**	**sentite!**	**finite!**

Examples:

Carlo, parla piano!   *Speak slowly, Charles.* (fam.)
Signora Rossi, prenda questo posto!   *Take this seat, Mrs Rossi.*
(form.)
Ragazzi, finite il cómpito!   *Finish your homework, boys.*

Entrate, signori! *Come in, gentlemen!*
Parliamo italiano! *Let's talk Italian.*

Note: if you want to ask a favour you use **un po'** or **per favore** and if you want to encourage or allow someone to do something you use **pure** after the imperative.

Posso fumare? Certo, fumi pure! *May I smoke? Yes, please do!*
Ragazzi, venite un po' qui! *Do come here, boys.*

But it is quite polite to use the imperative even without any of these expressions in Italian. In particular the polite way of attracting someone's attention is to use **senta** (literally it means 'hear!'):

to a stranger: **Senta, signora, sa dov'è la stazione?**
to a friend/child: **Senti, cosa fai oggi?**

Exercise 32

Reply using the formal form of the imperative:

Example:
Scusi, devo provare?   Sì, *provi* pure!

1 Scusi, devo scrívere?
2 Scusi, devo cominciare?
3 Scusi, devo finire?
4 Scusi, devo mangiare?
5 Scusi, devo pulire?
6 Scusi, devo chiúdere?
7 Scusi, devo servire?
8 Scusi, devo guardare?
9 Scusi, devo partire?
10 Scusi, devo entrare?

Exercise 33

Reply as in Exercise 32, but use the familiar form of the imperative:

Example:
Scusa, devo provare?   Sì, *prova* pure!

Exercise 34

Change the questions and answers in Exercise 32 into the plural:

Example:
Scusate, dobbiamo provare?   Sì, *provate* pure!

28   Negative imperative

If you want to tell people what *not* to do you put **non** in front of
the imperative in the formal or plural forms:

non entri!
non entrate!
non entriamo!

BUT in the familiar form you use **non** and the infinitive:

Carlo, entra!   *but*   **Carlo, non entrare!**

Exercise 35

Change all these sentences into the negative:

Example:
María, apri la porta!   María, *non aprire* la porta!
Signora, apra la porta!   Signora, *non apra* la porta!

1 Signorina, chiuda la finestra per favore!
2 Mario, porta la mia valigia per favore!
3 Piero, guarda la televisione per favore!
4 Signorina, prenda la chiave per favore!
5 María, prendi la chiave per favore!
6 Ragazzi, guardate questo salotto per favore!
7 Ragazze, prendete questa strada per favore!
8 Signor Rossi, guardi là per favore!
9 Scendiamo insieme le scale!
10 Sandro, prendi l'ombrello!

29 Irregular presents

venire (to come)	tenere (to keep)	dare (to give)	stare (to stay)
vengo	tengo	do	sto
vieni	tieni	dai	stai
viene	tiene	dà	sta
veniamo	teniamo	diamo	stiamo
venite	tenete	date	state
véngono	téngono	danno	stanno

Note that **stare** is used in many idiomatic expressions in Italian which in English would require a variety of other verbs. Examples:

Come sta?   *How are you?*
stare tranquillo/calmo/fermo   *to keep quiet/calm/still*
stare bene/male   *to feel well/unwell*
stare attento   *to pay attention*

30 Irregular imperatives

Note that the **Lei** form of the imperative is obtained from the stem of the first person singular of the present (this applies to both regular and irregular verbs):

	Present	Imperative
parlare	parlo	parl*i*
sentire	sento	sent*a*
venire	vengo	veng*a*
tenere	tengo	teng*a*
andare	vado	vad*a*
fare	faccio	facci*a*

BUT the following verbs have irregular imperatives:

	éssere	avere	dare	stare
(tu)	sii	abbi	da'	sta'
(Lei)	sia	abbia	dia	stia
(noi)	siamo	abbiamo	diamo	stiamo
(voi)	siate	abbiate	date	state

Examples:

Sta' fermo! *Keep still!*
Sia paziente! *Be patient!*
Stia calma! *Keep calm!*
Non abbia paura! *Don't be afraid!*
Dia una bella mancia! *Give a good tip!*
Siate gentili! *Be kind!*

Exercise 36

Answer the following questions using the formal form as in the example:

Question: Vengo anch'io?   *Answer:* Sì, certo, *venga* pure.

1 Vado anch'io?
2 Sto qui anch'io?
3 Faccio io?
4 Do anch'io i soldi?
5 Tengo il resto?
6 Vengo anch'io?
7 Finisco io?
8 Pulisco anche la cucina?
9 Bevo anch'io il vino?
10 Leggo anch'io la lista?

31   More numbers: 1,000 to 1,000,000,000

One English pound is the equivalent of over 2,000 Italian lire, so when it comes to prices you are likely to talk in thousands and even millions of lire.

1,000	**mille**
1,350	**milletrecentocinquanta**
2,000	**duemila**
3,000	**tremila**
100,000	**centomila**
1,000,000	**un milione**
1,500,000	**un milione cinquecentomila**
2,000,000	**due milioni**
1,000,000,000	**un miliardo/un bilione**

Note: **mille** becomes **-mila** in the plural.

Note also that in Italian a written number has a full point separating every thousand or multiple of thousand:

2.350.000 (two million three hundred and fifty thousand)

32 Days of the week, months and date

Giorni della settimana	Days of the week
lunedì	Monday
martedì	Tuesday
mercoledì	Wednesday
giovedì	Thursday
venerdì	Friday
sábato	Saturday
doménica	Sunday

Mesi	Months
gennáio	January
febbráio	February
marzo	March
aprile	April
maggio	May
giugno	June
luglio	July
agosto	August
settembre	September
ottobre	October
novembre	November
dicembre	December

Note that days and months are written without a capital letter.

Date

When saying the date in Italian you use cardinal numbers (i.e. 'two', 'three', 'four' etc. not 'second', 'third', 'fourth') followed by the month and the year.

The year is read like any other number. A number such as 1500 will be read as 'one thousand five hundred' and not as 'fifteen hundred'.

2 December 1987 = **2 dicembre 1987**
(il due dicembre
millenovecentoottantasette)

BUT you use **primo** (first), for the first day of the month:

1st July 1990 = **1 luglio 1990**
(il primo luglio millenovecentonovanta)

When mentioning the year you use **nel**:

in 1900 = **nel 1900 (nel millenovecento)**

Exercise 37

Answer the following questions as in the example:

Example:
Che giorno è oggi? ... Wednesday   Oggi è mercoledì.

1	Che giorno è oggi?	... Tuesday.
2	Qual è la data?	... 31st January 1991
3	Quanto costa la Sua casa?	... 60,000,000
4	Quanto costa il rústico?	... 25,000,000
5	Quanto cóstano le cartoline?	... 2,000 lire
6	Quanti abitanti ha Verona?	... 300,000
7	Quando è finita la guerra?	... in 1945
8	Quando è nata *(was born)* Sofia Loren?	... in 1932
9	Quanto costa il biglietto?	... 15,670 lire
10	Quanto costa l'aéreo per Milano?	... 250,000 lire

ASKING FOR FACILITIES

CONVERSATION C

Al campeggio
At the camp site

Tony and his boyfriend have arrived at the **Campeggio Miramare** and talk to the owner, signora Calvi:

Tony   Senta signora, c'è posto per la nostra roulotte qui?
Excuse me, is there room for our caravan here?

Calvi	Avete prenotato?
	Have you booked?
Tony	No, mi dispiace.
	No, sorry.
Calvi	Beh, vediamo. Per quanti giorni e per quante persone?
	Well, it depends. How many days and for how many people?
Tony	Siamo in due, e vorremmo restare almeno una settimana.
	It's two of us and we'd like to stay at least a week.
Calvi	Per una settimana, fino al 6 agosto, va bene. Seimila lire per persona al giorno. Dovete anche pagare la tassa di soggiorno e i servizi sono extra.
	For one week, until August 6, it is all right. 6,000 lire per person per day. You also have to pay tourist tax and services are extra.
Tony	Possiamo vedere prima il posto?
	Can we see the pitch first?
Calvi	Certo. Andiamo! Vedete, queste sono le docce, qui c'è la cucina e la lavandería e questi sono i gabinetti.
	Certainly. Let's go. These are the showers, here is the kitchen and the launderette, and these are the toilets.
Tony	Scusi, non capisco che cos'è la lavandería.
	Excuse me, but what is the 'launderette'?
Calvi	È il posto dove può lavare la Sua roba.
	It is the place where you can do your washing.
Tony	Ah, ho capito! E dove possiamo fare la spesa?
	I see. Where can we do the shopping?
Calvi	Qui al campeggio c'è un supermercato e a Garda ci sono tutti i negozi.
	There is a supermarket here on the site and in Garda there are all the shops.
Tony	Beníssimo. Allora lo prendiamo.
	Excellent. We'll take it.

Exercise 38

Read Conversation C carefully, checking all new expressions, then try and answer these questions without looking at the text:

1 Che servizi ci sono al campeggio?
2 Tony e il suo amico hanno la tenda?
3 Hanno prenotato il posto prima?
4 Póssono fare la spesa al campeggio?

5 Dévono pagare extra per lavare la loro roba?
6 Quanto costa il campeggio per una settimana?

Exercise 39

Translate the following sentences:

1 They must book the room before August.
2 They didn't go to (**in**) Italy in 1989.
3 We prefer a flat on the ground floor.
4 They want to buy a house in the country.
5 Can we look at the farmhouse next week?
6 The appointment is for next Friday at 3 p.m.
7 The estate agent can arrange a visit in the morning.
8 I would like to come but today I must stay at home.
9 I am sorry but I want a room with bathroom.
10 Don't buy *(formal)* this house, it is too far from the centre.

KEY PHRASES

Vorrei venire ma non posso.
Signora, guardi un po' questo appartamento!
Il 6 agosto tutti dévono partire.
Tenga pure il resto!
La casa costa venticinque milioni.

NEW WORDS

acqua *f*	water
affittare	to rent
affitto *m*	rent
anno *m*	year
avere paura	to be afraid
balcone *m*	balcony
campeggio *m*	camp site
capire	to understand
caro	dear, expensive
casetta *f*	small house, cottage
chiúdere	to close
cioè	that is (i.e.)

cómpito *m*	homework
dare	to give
data *f*	date
di fuori/fuori	outside
diverso	different
diversi *pl*	several
doccia *f*	shower
dovere	to have to, must
fissare	to arrange
foglio *m*	sheet of paper
fumare	to smoke
gabinetto *m*	lavatory, toilet
guardare	to look at
interno *m*	inside
lavandería *f*	wash house, launderette
lista *f*	list
luce *f*	light
mancia *f*	tip
mattino *m*	morning
meno	less
mi dispiace	I am sorry
mínimo *m*	minimum
nato	born
notte *f*	night
oggi	today
paziente	patient
pensione completa *f*	full board
piano	slowly
piantina *f*	map
preferire	to prefer
prezzo *m*	price
pulire	to clean
restaurare	to restore
rimodernare	to modernise
roulotte *f*	caravan
rústico *m*	farmhouse
salotto *m*	lounge, drawing room
scale *f pl*	stairs
scéndere	to go down
servire	to serve
servizi *m pl*	facilities
settimana *f*	week

spesa *f*	shopping
stare	to stay, to be
stare attento	to pay attention, to be careful
stare calmo	to keep calm
tardi	late
tassa di soggiorno *f*	tourist tax
tenda *f*	tent
tenere	to keep
troppo	too, too much
venire	to come
volentieri	willingly
volere	to want, wish
vorremmo	we would like

Chapter 5

In this chapter you will learn how to order a drink and a meal, accept
or refuse offers of drink and food, and invite others for drinks and
meals.

The grammar will include:
* conditional (I should ...)
* personal object pronouns (me, you, us etc.)
* imperatives with pronouns
* likes and dislikes: **mi piace/non mi piace**
* irregular verbs: **bere, cuócere, dire, sapere**
* difference between **sapere** and **potere**
* use of **da.**

BUYING A DRINK

CONVERSATION A

Al bar dell'albergo
At the hotel bar

Bill White is having a drink at the bar with Nina Fazzini, another
guest at the hotel:

Bill	Che cosa prende da bere?
	What would you like to drink?
Nina	Io prenderei un aperitivo analcólico, e Lei?
	I'll have a non-alcoholic aperitif, and you?
Bill	Io prendo un Martini.
	I'll have a Martini.
Nina	Se permette, oggi offro io.
	Allow me, today it's my turn.
Bill	Ma no, mi ha già invitato ieri.
	Thank you, but you treated me yesterday.
Nina	Si figuri. Il Martini, lo preferisce secco o rosso?
	Don't mention it. Do you prefer your Martini sweet or dry?

Bill	Rosso, grazie.
	Sweet, please.
Nina	Éccoli. Salute!
	Here they are. Cheers!
Bill	Salute! Allora Le posso offrire una tartina?
	Cheers! May I offer you a canapé?
Nina	Grazie, la prendo proprio volentieri.
	Thank you, I'd love to try one.
Bill	Sì, le fanno buone, qui.
	Yes, they make good canapés here.
Nina	È la loro specialità.
	It is their speciality.
Bill	Ne prendiamo un'altra?
	Shall we have another?
Nina	Sì grazie. E un altro aperitivo?
	Yes, please. And another aperitif?

Exercise 40

Read Conversation A carefully, then answer these questions using **lo**, **la** *or* **le** *followed by the verb:*

Examples:
La signora Fazzini prende *un Martini?*   No, non *lo* prende.
A chi offre *la tartina* la signora Fazzini?   *La* offre al signor White.

1 Il signor White prende un aperitivo analcólico?
2 Chi offre l'aperitivo?
3 Chi offre la tartina?
4 Il signor White prende un Martini?
5 Nina e Bill mángiano le tartine?

33 Object pronouns

Object pronouns (like 'me', 'to me' etc.) are used more often in Italian than in English, so it is important for you to learn to recognise them when others use them. But it is also necessary to try and use them yourself. For example:

'Do you know this lady?'

In English you'd say 'Yes, I do', 'No, I don't.' But the modal verb 'do, don't' does not exist in Italian, so the polite way to answer would be to repeat the verb, in which case you must also use the pronoun:

Conosce la signora?   **No, non *la* conosco.**
                          Sì, *la* conosco.

These pronouns in Italian go *before* the verb, except with an infinitive and some forms of the imperative as you will see later on in this chapter.

And in case you think that using *personal* object pronouns (like the one above) may sound impolite, please remember that this is not the case in Italian; in fact quite the opposite.

Direct pronouns		Indirect pronouns	
me	**mi**	**mi**	to me
you *(fam.)*	**ti**	**ti**	to you *(fam.)*
him, it *(m)*	**lo**	**gli**	to him
her, it *(f)*	**la**	**le**	to her
you *(form.)*	*****La**	*****Le**	to you *(form.)*
us	**ci**	**ci**	to us
you *(pl)*	**vi**	**vi**	to you *(pl)*
them *(m)*	**li**	******gli/(loro)**	to them
them *(f)*	**le**		

*   As with **Lei, Suo, Sua** etc. it is customary to use a capital letter for **La** and **Le** in the formal form.

** Note that the indirect pronoun **gli** has now taken the place of **loro** in everyday speech.

Note that **mi** and **ti**, **ci** and **vi** are used as both direct and indirect object pronouns:

he sees *me*	**mi vede**	and	he speaks *to me*	**mi parla**
he sees *you (pl)*	**vi vede**	and	he speaks *to you (pl)*	**vi parla**

BUT in the third person you have different pronouns:

he sees *him*	**lo vede**	but:	he speaks *to him*	**gli parla**
he sees *her*	**la vede**	but:	he speaks *to her*	**le parla**
he sees *you*	**la vede**	but:	he speaks *to you*	**Le parla**
he sees *them (m)*	**li vede**	but:	he speaks *to them*	**gli parla**
he sees *them (f)*	**le vede**		(m & f)	**(parla loro)**

Exercise 41

Answer these questions using the direct object pronouns **lo, la, li, le***:*

Examples:

Prende spesso l'aperitivo? Sì, *lo* prendo tutti i giorni.
Beve spesso la birra? Sì, *la* bevo tutti i giorni.

1 Guarda spesso la televisione?
2 Compra spesso le patate?
3 Invita spesso i Suoi amici?
4 Beve spesso il caffè?
5 Prende spesso il treno?
6 Porta spesso la cravatta?
7 Mangia spesso le tartine?
8 Beve spesso vini francesi?
9 Non beve vini italiani?
10 Invita spesso la Sua vicina?

Exercise 42

Answer these questions using the indirect object pronouns **gli, le***:*

Examples:

Quando parla a María? *Le* parlo adesso.
Quando parla a Giovanni? *Gli* parlo adesso.

1 Quando parla a Sua moglie?
2 Quando parla al direttore?
3 Quando teléfona a Giuseppe?
4 Quando risponde a Laura?
5 Quando scrive agli studenti?
6 Quando scrive alle ragazze?
7 Quando risponde a Giuseppe e María?
8 Quando teléfona al padrone di casa?
9 Quando parla ai signori Bianchi?
10 Quando scrive alla signora Rossi?

Exercise 43

Replace the words underlined with suitable direct or indirect object pronouns:

Example:

Il padre guarda <u>la televisione</u>.   Il padre *la* guarda.

Non parlo <u>a Giovanni</u>.   Non *gli* parlo.

1 Anna dà il número <u>a María</u>.
2 Non sento <u>il rumore</u>.
3 Il signor Forti legge <u>la lista</u>.
4 La signora prende <u>le olive</u>.
5 Compriamo <u>i biglietti</u> qui.
6 Offro l'aperitivo <u>ai signori Danzi</u>.
7 Teléfono <u>al mio ragazzo</u>.
8 Scrivete <u>a vostra madre</u>?
9 Che cosa portate <u>a vostro fratello</u>?
10 Il signor Rossi non lascia <u>la mancia</u>.

CONVERSATION B

In ostería
At the pub

Tony and his friend Jeff have been invited by some Italian people to join them at their local pub. Tony talks to María, one member of the group.

María Allora Tony cosa prendi?
What will you have, Tony?

Tony Io vorrei un espresso e Jeff dice che lascia fare a te.
I'd like an espresso coffee and Jeff says that it's up to you.

María Guarda che questa è un'osteria, dove si beve soprattutto vino. Non è un posto per turisti!
This is [like] a pub, mind you, where people drink mainly wine. It is not a tourist place.

Tony Benissimo, allora un bicchiere di bianco per Jeff e un caffè per me, se fanno il caffè.
Fine, a glass of white wine for Jeff and a coffee for me, if they do coffee.

María Sì, sì, il caffè c'è, ma perchè non lo prendi anche tu corretto, come me?
Yes, there is coffee, but why don't you have it with a shot of spirits like me?

Tony Perchè no, ma perméttimi di pagare, oggi.
Why not, but allow me to pay today.

María Ma no, figúrati!
No, no, I wouldn't hear of it.
Tony No, no, insisto, oggi tocca a me!
No, I insist, today it is my turn.
María Come vuoi, e grazie. Salute!
As you wish, thank you.Cheers!
Tony Salute!
Cheers!

Exercise 44

Read the conversation carefully, checking all new expressions, then answer these questions:

1 Che cosa beve María?
2 Tony beve il vino?
3 Che cos'è un'ostería?
4 Chi offre da bere oggi?
5 Chi beve vino bianco?

34 Conditional

In Italian, as in English, the conditional is used when we want to say what we *would do*. It is formed by adding the following endings to the infinitive:

-i
-sti
-bbe
-mmo
-ste
-bbero

Note that **-are** verbs change the **-a** into **-e**:

parlare	préndere	dormire
parler*ei*	prender*ei*	dormir*ei*
parler*esti*	prender*esti*	dormir*esti*
parler*ebbe*	prender*ebbe*	dormir*ebbe*
parler*emmo*	prender*emmo*	dormir*emmo*
parler*este*	prender*este*	dormir*este*
parler*ébbero*	prender*ébbero*	dormir*ébbero*

Note also that the endings of the conditional are always regular, but the stem of some irregular verbs contracts:

avere: avrei
éssere: sarei
vedere: vedrei
venire: verrei
volere: vorrei
dovere: dovrei
potere: potrei
bere: berrei
tenere: terrei
andare: andrei

Examples:

I would come with pleasure.	**Verrei volentieri.**
They could stay here.	**Potrébbero stare qui.**
Would you go alone?	**Andresti da solo?**

Exercise 45

Answer the following questions addressed to you, changing the present tense to the conditional and using the expression given:

Examples:

Volete andare in treno?   Sì, ... ma costa troppo.
Sì, *vorremmo andare* ma costa troppo.

Vuole andare in treno?   Sì, ... ma costa troppo.
Sì, *vorrei andare* ma costa troppo.

1 Dovete partire oggi?	Sì, ... ma abbiamo cambiato idea.
2 Deve andare a visitare la casa?	Sì, ... ma non ho la mácchina.
3 Può venire oggi?	Sì, ... ma più tardi.
4 Potete accompagnarlo?	Sì, ... in mácchina.
5 Vuole telefonare?	Sì, ... ma non ho la moneta.
6 Volete viaggiare in aéreo?	Sì, ... ma non da soli.
7 Vuole un aperitivo?	No, ... un cappuccino.
8 Volete mangiare adesso?	No, ... alle due.
9 Può venire in mácchina?	No, ... in bicicletta.
10 Dovete restare in albergo?	Sì, ... per la cena.

35 Imperative with object pronouns

Direct and indirect object pronouns always come *after* the imperative, infinitive and **ecco** and are attached to them as one word. The stress does not alter. The infinitive loses its final **e**:

permettétemi!	allow me! *(pl)*
préndilo!	take it! *(fam.)*
non prénderlo	don't take it! *(fam.)*
potete accompagnarlo?	can you accompany him?
éccoli	here they are
dimmi la verità	tell me the truth *(fam.)*

Note that in the formal form of the imperative the object pronouns go before the verb[1]:

mi scusi!	excuse me! *(form.)*
non lo prenda!	don't take it! *(form.)*

Note also that when **da'**, **di'**, **fa'**, **sta'** are followed by object pronouns these pronouns take a double consonant: **dammi** (give me), **dillo** (say it), **falle** (do them) etc.

Exercise 46

Answer the questions with the formal form of the imperative and the appropriate object pronoun **lo, la, li, le, gli**:

Example:
Che ne pensa, compro la casa?   Sì, *la compri!*

1 Che ne pensa, compro il rústico?
2 Che ne pensa, mangio la minestra?
3 Che ne pensa, parlo alla signorina?
4 Che ne pensa, vendo gli appartamenti?
5 Che ne pensa, prenoto le cámere?
6 Che ne pensa, faccio la fotografía?
7 Che ne pensa, do la mancia?
8 Che ne pensa, porto i bambini?
9 Che ne pensa, teléfono al signor Bianchi?
10 Che ne pensa, prendo l'arrosto?

---

1 This is because the **Lei** form of the imperative is in fact borrowed from the present subjunctive. And with this, as with all other *finite* tenses, the object pronouns go before the verb.

Exercise 47

Reply as in Exercise 46, but this time imagine that the conversation takes place between two friends. Use the familiar form of the imperative and practise saying 'yes' and 'no':

Example:

Che ne pens*i*, compro la casa?   Sì, *cómprala!*
No, *non comprarla!*

36   Irregular verbs: 'bere', 'dire', 'sapere'

Present

bere (to drink)   **dire** (to say)   **sapere** (to know)

bere	dire	sapere
bevo	dico	so
bevi	dici	sai
beve	dice	sa
beviamo	diciamo	sappiamo
bevete	dite	sapete
bévono	dícono	sanno

37   Irregular past participles: 'bere', 'cuócere', 'dire'

Past participle

bere	bevuto	(drunk)
cuócere	cotto	(cooked)
dire	detto	(said, told)

38   Use of 'sapere' and 'potere'

Sapere means that you have acquired a certain skill or knowledge:

So nuotare.   *I can swim (I know how to swim).*
So parlare italiano.   *I can speak Italian (I have learnt to speak it).*
Non so léggere.   *I cannot read (I never learnt to read).*

but:

Non posso nuotare se il mare è mosso. *I cannot swim if the sea is rough.*

Non posso léggere se non ho gli occhiali. *I cannot read if I don't have my glasses.*

Exercise 48

Fill the spaces with the correct form of **sapere** *or* **potere** *in the present tense.*

Example:
Non abbiamo la mácchina e non ... venire.
Non abbiamo la mácchina e non *possiamo* venire.

1 È troppo stanco, non ... giocare a tennis.
2 Studio l'italiano e lo ... capire abbastanza bene.
3 Prendi lezioni di piano e non ... suonare?
4 Vorrei andare al nuovo ristorante ma non ... dov'è.
5 Il bar è chiuso, [noi] non ... préndere la bíbita.
6 Mio marito ... cucinare bene.
7 Pierino è piccolo e non ... ancora scrívere.
8 Scusi, [io] ... usare il teléfono?
9 Oggi i ragazzi non ... nuotare.
10 È pericoloso andare in mácchina con Mario: non ... guidare.

LIKES AND DISLIKES

39 Mi piace / Non mi piace

To say that you like something in Italian you use the verb **piacere**. This verb has a different construction from the English. Perhaps it might help you learn it if you remember that literally **mi piace** means 'it is pleasing to me'. It is always used with an indirect object pronoun:

mi	
ti	
gli	
Le	} piace/piácciono
ci	
vi	
gli	

You use **piace** when it is followed by an infinitive or by a word in the singular:

Le piace l'italiano?   *Do you* (form.) *like Italian?*
Le piace nuotare?   *Do you* (form.) *like swimming?*
            [lit. *Does swimming please you?*]

and **piácciono** when the following word is plural:

Mi piácciono gli spaghetti al dente!   *I like spaghetti slightly undercooked.*

Exercise 49

Answer the following questions using **mi piace** *or* **mi piácciono**:

Example:
Le piace quella casa?   Sì, mi piace moltíssimo.
Le piácciono quègli appartamenti?   Sì, mi piácciono
                                     moltíssimo.

1 Le piace quel ristorante?
2 Le piácciono le lasagne al forno?
3 Le piace viaggiare?
4 Le piace il vitello?
5 Le piácciono gli zucchini?

and now answer saying what you don't like:

Example:
Le piace questa casa?   No, non mi piace.
Le piácciono quei rústici?   No, non mi piácciono.

6 Le piácciono i rumori?
7 Le piace fare niente?
8 Le piácciono le zanzare?
9 Le piace aspettare?
10 Le piácciono le persone noiose?

ORDERING A MEAL

CONVERSATION C

Da Mamma Rosa
At Mamma Rosa's

Luigi has invited three English friends out for a meal at Mamma Rosa's, a small **trattoría** in Trastevere, to celebrate his birthday. He is met by the owner:

Rosa   Buongiorno, signore. Ha prenotato?
Good morning, sir. Have you booked?

Luigi   Sì, ho prenotato per quattro.
Yes, I booked for four.

Rosa   Prego, accomodátevi qui. Le dico cosa abbiamo oggi, così potete decídere. Volete cominciare tutti con l'antipasto o no?
Please take a seat here. I'll tell you what we have today and then you can decide. Do you all want to start with hors d'oeuvre?

Luigi   Sì, un bell'antipasto misto per tre, ma il mio amico è vegetariano, cosa ci sarebbe per lui?
Yes we do, a mixed hors d'oeuvre for three, but my friend is vegetarian, what could he have?

Rosa   Abbiamo insalata russa e mozzarella con pomodoro. Va bene?
We have Russian salad and mozzarella with tomatoes. Is that all right?

Luigi   Benissímo. E per primo?
Fine. And for the first course?

Rosa   Ci sono ravioli di ricotta e spinaci, spaghetti all' Amatriciana e gnocchi alla Romana.
There are ravioli with ricotta and spinach, spaghetti with Amatriciana sauce and gnocchi.

Luigi   Gnocchi per due, un piatto di spaghetti per me e i ravioli per la signora, per favore.
Gnocchi for two, spaghetti for me and ravioli for the lady.

Rosa   E per secondo? Abbiamo trota alla griglia, braciole di maiale e cotolette alla milanese.
And for the main course? We have grilled trout, pork chops and veal cutlets.

Luigi	Prendiamo tutti e tre le cotolette, ma è possíbile avere un piatto di verdura per il mio amico?
	We'll have cutlets for three, but is it possible to have a vegetable dish for my friend?
Rosa	Certo, posso portargli i finocchi al forno, e una bella scelta di altre verdure fresche. E voi cosa prendete di contorno?
	Certainly, I can give him baked fennel and a choice of other fresh vegetables. And what will you have as vegetables?
Luigi	Per noi insalata mista e patate fritte.
	Mixed salad and chips for us.
Rosa	E da bere?
	And to drink?
Luigi	Acqua minerale frizzante e una caraffa di vino rosso della casa.
	Sparkling mineral water and a carafe of red house wine.

Exercise 50

Read Conversation C very carefully, then try and answer these questions using object pronouns where possible:

1 Chi vorrebbe solo un piatto di verdura per secondo? E perchè?
2 Che cosa c'è di contorno da Mamma Rosa oggi?
3 Préndono tutti i ravioli per primo?
4 Luigi órdina il vino bianco?
5 C'è solo carne per secondo?
6 Quante persone mángiano l'insalata?

40 The preposition 'da'

When you want to talk about going to or staying at somebody's house, office, etc. in Italian you use **da** followed by the person's name or occupation:

Oggi vado dal dentista. *Today I am going to the dentist.*
Ieri sono stata da María. *Yesterday I stayed at Mary's.*
Compro la verdura dal fruttivéndolo. *I buy vegetables at the greengrocer's.*

Da is also used (like 'for' in English) to describe a continuous period of time. Examples:

Da quanto tempo ábita a Londra?
How long have you lived in London?
Ábito a Londra da tre anni.
I have lived in London for three years.
Studio l'italiano da due mesi.
I have been studying Italian for two months.

Note that in these expressions in Italian you must use the present tense, whereas in English the perfect tense is used.

Exercise 51

Translate the following sentences:

1 We don't like to travel by train.
2 Do you *(form.)* like chips?
3 Please give *(form.)* this key to signora Rossi.
4 Would you *(fam.)* go by yourself?
5 Mary, don't take *(fam.)* my car, take yours.
6 We have given him all the necessary information.
7 Can I offer you *(pl)* something to drink?
8 How long have you *(pl)* been studying Italian?
9 They would buy the flat, but it costs 50 million (lire).
10 We went to Tony's for lunch.

KEY PHRASES

Le posso offrire qualcosa?
Mi porti un antipasto misto.
María, pórtagli gli spaghetti!
Non so nuotare.
Mi piacerebbe avere una casa in Italia.

NEW WORDS

accomodátevi	make yourselves comfortable, sit down
acqua minerale *f*	mineral water
aglio *m*	garlic
agnello *m*	lamb
al dente	slightly undercooked (pasta or rice)
al forno	baked

analcólico	non-alcoholic
antipasto *m*	hors d'oeuvre
antipasto misto *m*	hors d'oeuvre of cooked meat (salami, ham, etc.)
aperitivo *m*	aperitif
arrosto *m*	roast
bere	to drink
bianco	white
bíbita *f*	soft drink
bicchiere *m*	glass
bistecca *f*	steak
braciola *f*	chop
caffè *m*	coffee
caffè corretto *m*	coffee with a dash of spirits
caraffa *f*	carafe
carne *f*	meat
cena *f*	dinner, supper
cenare	to dine
chiuso	closed
contorno *m*	side dish
cotoletta *f*	veal cutlet
cotoletta alla milanese	veal cutlet coated in breadcrumbs
cuócere	to cook
cotto	cooked
cravatta *f*	tie
cucinare	to cook
da solo	alone
dentista *m & f*	dentist
dire	to say
espresso *m*	espresso coffee
figúrati *fam.* (**si figuri** *form.*)	you are welcome
finocchio *m*	fennel
forno *m*	oven
fresco	fresh
frizzante	fizzy, sparkling
fruttivéndolo *m*	greengrocer
giocare	to play (a game)
gnocchi *m pl*	potato dumplings
gnocchi alla romana *m pl*	semolina dumplings, baked in the oven

griglia *f*	grill
insalata *f*	salad
insístere	to insist
lasagne *f pl*	lasagne
lasciare	to leave
maiale *m*	pig, pork
mancia *f*	tip
manzo *m*	beef
mare *m*	sea
minerale	mineral
minestra *f*	soup
mi piace/piácciono	I like
moneta *f*	loose change, coins
mosso	rough (sea)
noioso	boring
nuotare	to swim
occhiali *m pl*	spectacles
oliva *f*	olive
ostería *f*	pub
patata *f*	potato
patate fritte *f pl*	chips
perméttere	to allow
pesce *m*	fish
piano, pianoforte *m*	piano
pisello *m*	pea
pomodoro *m*	tomato
pranzo *m*	lunch
primo (piatto) *m*	first course
ravioli *m pl*	ravioli
ricotta *f*	type of cream cheese
rispóndere	to reply
rosso	red
russo	Russian
salute!	cheers!
sapere	to know how
scelta *f*	choice
se	if
secco	dry
secondo (piatto) *m*	main (second) course
soprattutto	mainly
spaghetti *m pl*	spaghetti
specialità *f*	speciality

suonare	to play (an instrument)
tartina *f*	canapé, small snack
telefonare	to phone
tocca a me	it is my turn
trota *f*	trout
vegetariano	vegetarian
verdura *f*	vegetable(s)
viaggiare	to travel
vitello *m*	veal
zanzara *f*	mosquito
zucchino *m*	courgette

Chapter 6

In this chapter you will learn to buy food, clothes and presents, change money, ask for your size, complain about and return purchases.

The grammar will include:
- double pronouns
- agreement of perfect tense with pronouns
- the direct object pronoun ne
- irregular verbs: aprire, chiúdere, chiédere, méttere, scrívere, pérdere, offrire
- ordinal numbers.

SHOPPING: FARE LA SPESA

CONVERSATION A

Dal droghiere
At the grocer's

Luisa is doing her daily shopping at the local grocer's, Dino.

Dino   Buongiorno signorina, desídera?
      Good morning, may I help you?

Luisa   Vorrei due etti di prosciutto crudo e un bel pezzo di parmigiano.
      I'd like 200 grammes of Parma ham and a large piece of Parmesan.

Dino   Il prosciutto è un po' di più, lascio così? E di parmigiano quanto ne vuole?
      The ham is a bit over. Shall I leave it? And how much Parmesan would you like?

Luisa   Me ne día tre, quattro etti. Ma parmigiano reggiano, mi raccomando!
      Give me three or four hundred grammes. But I want the best Parmesan [from Reggio], mind!

Dino   Certo, lo assaggi un po'. Buono eh! E desídera altro?
      Certainly, try it. Isn't it good? Anything else?

Luisa	Ha la mozzarella?
	Do you have any mozzarella?
Dino	Sì, ce l'ho di bùfala e di mucca.
	Yes, I have mozzarella from buffalo's and cow's milk.
Luisa	Bene, ne prendo due di bùfala.
	Good, I'll take two buffalo ones.
Dino	Éccole. Basta così?
	Here they are. Is that all?
Luisa	Sì, per oggi sì, quant'è?
	Yes, for today. How much is it?
Dino	Trentasettemila lire in tutto.
	37,000 lire altogether.

Exercise 52

Read Conversation A carefully, then answer the following questions:

1 Dove fa la spesa Luisa?
2 Quanto prosciutto compra?
3 Che parmigiano preferisce?
4 Quante mozzarelle compra?
5 Quanto spende in tutto?

41 The pronoun 'ne'

Ne means

(a) 'of it' or 'of them':

Quanto pane vuole?   Ne voglio un chilo.
How much bread do you want?   I want one kilo [of it].
Quanti amici inglesi ha?   Ne ho molti.
How many English friends do you have?   I have many [of them].
Quante pastine desìdera?   Ne vorrei tre.
How many little cakes do you want?   I'd like three [of them].

Note that **ne** must not be omitted in Italian, while 'of it' and 'of them' are usually omitted in English.

(b) 'some' or 'any' when they are not followed by a noun:

Ha degli amici?   Sì, ne ho.
Do you have any friends?   Yes, I have some.

Ha del vino?   No, non ne ho.
Do you have any wine?   No, I don't have any.

(c) 'about it', 'about them':

Chi parla di política?   Tutti ne párlano.
Who's talking about politics?   Everyone's talking about it.

Exercise 53

Answer these questions using **ne** *and the expression given:*

Examples:

Quanti francobolli vuole?	... 4	*Ne* vorrei quattro.
Quanti fratelli ha?	... 1	*Ne* ho uno.

1	Quanto olio vuole?	... un litro.
2	Quanto pane vuole?	... un chilo e mezzo.
3	Quante mozzarelle vuole?	... una sola.
4	Quanto salame vuole?	... 2 etti.
5	Quante arance vuole?	... 2 chili.
6	Quante mácchine ha?	... 1
7	Quanti figli ha?	... 4
8	Quante scarpe ha?	Non ... molte.
9	Quanti soldi ha?	... pochi.
10	Quanto tempo ha?	Non ...

42   Direct object pronouns with perfect tense

When you use direct object pronouns (NOT indirect) with the perfect tense, the past participle must agree (i.e. its ending changes in the same way as when it is used with **éssere**):

l'ho visto	I have seen him
l'ho vista	I have seen her
li ho visti	I have seen them (men or men and women)
le ho viste	I have seen them (women)
mi hai visto	you saw me (a man is talking)
mi hai vista	you saw me (a woman is talking)
vi ho visti	I saw you (several men and women or all men)
vi ho viste	I saw you (women)

Note that **li** and **le**, being plural, do not take the apostrophe.

Exercise 54

Answer the questions using **lo, la, li** *or* **le** *and changing the ending of the past participles if necessary:*

Examples:

Ha invitato María?   Sì, *l'ho* invitat*a*.
Avete comprato le pesche?   Sì, *le* abbiamo comprat*e*.

1 Ha invitato tutti gli amici?
2 Ha visitato la gallería?
3 Ha visitato il museo?
4 Ha portato i panini?
5 Ha mangiato le paste?
6 Avete invitato vostra suócera?
7 Avete guardato il catálogo?
8 Avete comprato le riviste?
9 Avete preso la mancia?
10 Avete visto Giovanni?

ITALIAN SIZES: LE TAGLIE ITALIANE

CONVERSATION B

Alla Standa
At Standa

Luisa is buying some presents for her English friends at Standa (a department store) and asks the shop assistant, Carlo, for help with sizes:

Luisa   Vorrei un maglione di lana blù come questo, ma non sono sicura della misura.
I'd like a blue woollen jumper like this one. But I am not sure about the size.

Carlo   È per Lei, signorina?
Is it for you?

Luisa   No, per un'amica inglese. Porta il quattórdici in Inghilterra.
No, for an English friend. She takes a 14 in England.

Carlo Attenda un áttimo che controllo. Dunque, il quattórdici corrisponde al quarantasei in Italia.
Wait a minute while I check. Right, size 14 is the equivalent of a size 46 in Italy.

Luisa Grazie, allora glielo prendo e, scusi, dove sono le pantófole?
Thank you, I'll take it. Where are the slippers please?

Carlo Da uomo o da donna?
Men's or women's?

Luisa Da uomo.
Men's.

Carlo Il reparto calzature da uomo è al terzo piano. Sono anche queste per gli amici inglesi?
The men's shoe department is on the 3rd floor. Are these for your English friends too?

Luisa Sì, infatti le vorrei chiédere se sa anche le misure delle scarpe.
Yes, in fact I'd like to ask you if you know about shoe sizes as well.

Carlo Sì, ce le ho qui. Il trentotto italiano è l'equivalente del cinque inglese.
Yes, I have them here. The Italian 38 is the same as an English 5.

Luisa Il mio amico porta l'otto inglese.
My friend takes an English 8.

Carlo Allora chieda il quarantatrè.
Then ask for a 43.

Luisa Mille grazie.
Many thanks.

Exercise 55

Read Conversation B carefully, then answer these questions using complete sentences:

1 Che misura vuole Luisa per il maglione?
2 Di che colore lo preferisce?
3 A che piano sono le calzature da uomo?
4 Che misura di scarpe porta l'amico inglese?
5 Per chi compra i regali Luisa?

43 Double pronouns

Very often in Italian you will find two pronouns together before a verb where in English one would be enough:

Glielo prendo. *I take it (for him).*
Me le mostra? *Will you show (them to) me?*
Ce l'ho. *I have it.*

Note that the direct object pronoun (**lo, la, li, le** and **ne**) always follows the indirect one. The indirect object pronouns also change their endings:

$$\left.\begin{array}{l} \textbf{me} \\ \textbf{te} \\ \textbf{glie-} \\ \textbf{ce} \\ \textbf{ve} \\ \textbf{glie-} \end{array}\right\} \textbf{lo, la, li, le, ne}$$

Note also that **glielo, gliela, glieli, gliele, gliene** are always written as one word, but all the other pronouns are written as two separate words:

me la da he gives it (a feminine object) to me
te li da he gives them (masculine objects) to you *(fam.)*
ce lo da he gives it (a masculine object) to us
ve le da he gives them (feminine objects) to you *(pl)*
glielo da he gives it (masculine object) to you/to her/to him/to them

If these pronouns are followed by the perfect tense there will be agreement (see Section 42 above):

Glie*li* ho dat*i*. *I have given them* (**i giornali**) *to him.*
Te *le* ho scritt*e*. *I have written them* (**le léttere**) *to you.*

Exercise 56

Answer these questions addressed to you, using **glielo, gliela, glieli, gliele** *or* **gliene**:

Examples:
Porta la rivista a María?   Si, *gliela* porto.
Porta il giornale a María?   Si, *glielo* porto.

1 Porta i panini ai ragazzi?
2 Scrive la léttera a María?
3 Dà il conto alla signora?
4 Dà i soldi alla signora?
5 Porta il vestito al signor Bianchi?
6 Scrive le léttere a tutti?
7 Compra la pasta per gli óspiti?
8 Compra i grissini per María?
9 Vende l'appartamento a questi signori?
10 Vende la casa a questi signori?

Exercise 57

Change the questions and answers in Exercise 56 into the perfect tense:

Examples:

Ha portato la rivista a María?   Si, *gliel'*ho portat*a*.
Ha portato il giornale a María?   Si, *gliel'*ho portat*o*.

Exercise 58

Answer these questions using the appropriate double pronouns:

Examples:

Chi Le ha fatto la spesa? ... il ragazzo.   *Me l'*ha fatta il ragazzo.
Chi vi ha offerto un aperitivo? ... María.   *Ce l'*ha offerto María.

1 Chi Le ha consigliato questo ristorante? ... un'amica.
2 Chi Le ha dato l'indirizzo? ... il poliziotto.
3 Chi Le ha portato la valigia? ... il facchino.
4 Chi Le ha riparato l'orologio? ... l'orologiaio.
5 Chi Le ha mandato i fiori? ... un amico.
6 Chi vi ha portato l'antipasto? ... il cameriere.
7 Chi vi ha venduto le matite? ... la commessa.
8 Chi vi ha comprato quei regali? ... nostra figlia.
9 Chi vi ha prenotato l'albergo? ... l'agenzía.
10 Chi vi ha dato la moneta? ... l'impiegata.

Exercise 59

Answer these questions addressed to you, using the formal **Lei** *form of the imperative and the appropriate double pronouns:*

Example:

Glielo mando io?	Sì, me lo mandi pure.
(Do I send it to you?)	*(Yes, send it to me.)*

1 Glielo porto io?
2 Glieli mando io?
3 Gliele regalo io?
4 Gliela scrivo io?
5 Glielo prenoto io?

and now answer these questions, also addressed to you, by using the familiar **tu** *form of the imperative, imagining that you are talking to a friend:*

Example:

Te lo porto io?	Sì, *pórtamelo* pure!

6 Te la preparo io?
7 Te le mando io?
8 Te li compro io?
9 Te lo scrivo io?
10 Te la prendo io?

CHANGING MONEY: CAMBIARE VALUTA

CONVERSATION C

Alla banca
At the bank

Tony has used his Eurocard at the **Bancomát** outside the **Banca del Lavoro** in Verona but has not managed to get any money out, so he goes inside the bank to complain to the cashier:

Tony Scusi, ho provato a usare la mia carta di crédito al Bancomát qui fuori, ma non sono riuscito a ritirare i soldi. *Excuse me, I tried to use my credit card at the automatic cashpoint outside, but I could not get the money out.*

Cassiere	Ha mai usato la Sua carta di crédito in Italia?
	Have you ever used your cashcard in Italy?
Tony	Sì, a Rímini e non ho mai avuto difficoltà.
	Yes, in Rimini and I have never had any problems.
Cassiere	Mi dica cos'ha fatto.
	Tell me what you did.
Tony	Ho messo la carta dentro, poi ho digitato il mio códice segreto, ho premuto il tasto verde e ho chiesto trecentomila lire.
	I put my card in, then punched in my code number, pressed the green button and asked for 300,000 lire.
Cassiere	E non ha funzionato?
	Did it not work, then?
Tony	Gliel'ho già detto. Sullo schermo c'è scritto che ho aspettato troppo e poi si è chiusa la grata e basta!
	That's what I told you. On the screen it said that I had waited too long, then the shutter came down and that was it!
Cassiere	Di sólito quando c'è scritto così è perchè ha dimenticato di prémere qualche tasto.
	Usually when it says that it is because you forgot to press some button.
Tony	Ho capito. Allora, che cosa mi consiglia di fare?
	I see. What do you advise me to do?
Cassiere	Provi un'altra volta, ma stia attento e prema il tasto verde súbito.
	Try once more, but be careful and press the green button immediately.
Tony	Va bene, ma se la mácchina non mi dà i soldi, me li può dare Lei?
	OK, but if the machine does not give me the money, can you do it?
Cassiere	Certo, non si preóccupi!
	Yes, certainly!

44 Ordinal numbers

Ordinal numbers are used in Italian in the same way as in English, with the exception of days of the month (see Chapter 4, Section 32). Study the first ten:

1st	**primo**
2nd	**secondo**
3rd	**terzo**
4th	**quarto**
5th	**quinto**
6th	**sesto**
7th	**séttimo**
8th	**ottavo**
9th	**nono**
10th	**décimo**

All other ordinal numbers are formed by removing the ending of the cardinal number and adding -**ésimo**:

11th	**undicésimo**
12th	**dodicésimo**
25th	**venticinquésimo**
1,000th	**millésimo**

Note that ordinal numbers have feminine and plural endings like all other adjectives ending in -**o**. Examples:

Te lo dico per la centésima volta.   *I am telling you for the hundredth time.*

Papa Giovanni Ventitreésimo   *Pope John XXIII*

il tredicésimo sécolo   *the thirteenth century*

Exercise 60

Translate the following sentences:

1 The shoe department is on the 10th floor.
2 This is the sixth chapter.
3 The 1st May is a national holiday in Italy.
4 We live in the twentieth century.
5 Take *(formal)* the fourth street on your left.

45 Irregular verbs: 'aprire', 'chiédere', 'chiúdere', 'méttere', 'scrívere', 'pérdere', 'offrire'

Perfect tense

aprire (to open)	**ho aperto** (I opened)
chiédere (to ask)	**ho chiesto** (I asked)
chiúdere (to close)	**ho chiuso** (I closed)
méttere (to put)	**ho messo** (I put)
scrívere (to write)	**ho scritto** (I wrote)
pérdere (to lose)	**ho perso** (I lost)
offrire (to offer)	**ho offerto** (I offered)

Exercise 61

Read Conversation C carefully, then answer the following questions:

1 Dove ha messo la carta di crédito Tony?
2 Che cosa c'è scritto sullo schermo?
3 La grata del Bancomát è chiusa adesso?
4 Tony ha perso i soldi?
5 Perchè Tony è entrato in banca?

MAKING A COMPLAINT: LAGNARSI

CONVERSATION D

Da Garda Moda
At the Garda Moda boutique

Jeff bought a shirt in a small boutique in Garda, but when he got back home he found that they had given him the wrong size. He asks the shop assistant (**Commessa**) to change it.

Jeff   Ho comprato questa camicia stamattina e vorrei cambiarla perchè è la taglia sbagliata.
I bought this shirt this morning and I would like to change it because it is the wrong size.

Commessa   Ma non l'ha provata prima?
Didn't you try it on first?

Jeff	No, ma ho chiesto il quarantadue e questo è il quaranta.
	I didn't, but I asked for a size 42 and this is a 40.
Commessa	Mi dispiace, signore, ma non abbiamo un quarantadue in quel colore.
	I am sorry, sir, but we don't have a 42 in that colour.
Jeff	Allora mi può dare indietro i soldi?
	Could I have my money back then?
Commessa	Vede, c'è scritto qui: 'Non si fanno rimborsi'. Ma Le posso dare un altro colore.
	Look, it says here: 'We don't give refunds'. But I could give you another colour.
Jeff	No, è colpa vostra che mi avete dato la taglia sbagliata. Se non avete la mia taglia, voglio indietro i soldi.
	No, it is your fault, you gave me the wrong size. If you don't have my size I want my money back.
Commessa	Guardi, teléfono all'altro nostro negozio e se neanche loro ce l'hanno, Le do un buono che può usare per qualsíasi artícolo.
	Look, I'll phone our other shop and if they don't have it either I'll give you a voucher which you can use to buy any other article.
Jeff	No, voglio i soldi o la camicia. Per favore, chiami il proprietario.
	No, I want either the money or the shirt. Please call the owner.

Exercise 62

*Put the following passage into the perfect tense, changing **oggi** into **ieri** and remembering to change the endings of the past participles where necessary. Begin like this:*

Ieri Tony e Luisa sono andati alla Rinascente ...

Oggi Tony e Luisa vanno alla Rinascente per comprare due regali: uno per la madre di Tony e l'altro per quella di Luisa. Luisa va al pianterreno, al reparto accessori, e compra una borsetta di pelle. Tony va a dare un'occhiata al reparto casalinghi al sesto piano. Guarda i servizi da tè e da caffè, ma non li compra.

Alle quattro Tony e Luisa vanno a préndere il tè a un bar in Piazza del Duomo e Luisa gli fa vedere la borsetta. Dopo due ore decídono di tornare alla Rinascente perchè Luisa vede che la cerniera della borsetta è rotta. La porta indietro all'Ufficio

Reclami e chiede un rimborso dei soldi o un'altra borsetta. L'impiegato le domanda la ricevuta e dopo molte difficoltà le dà una borsetta nuova. Tony nel frattempo guarda dappertutto, ma non trova niente per la madre di Luisa.

Questo non è un pomeriggio molto fortunato per i due gióvani!

KEY PHRASES

Me ne día due etti.
Perchè non gliele ha date?
Ho chiesto indietro i soldi.
Questo è il sesto capítolo.

NEW WORDS

accessori *m pl*	accessories
aprire	to open
arancia *f*	orange
artícolo *m*	article
assaggiare	to taste
atténdere	to wait
áttimo *m*	minute, moment
Bancomát	automatic cash point
basta	it is enough
blù	blue
borsetta *f*	handbag
búfala *f*	buffalo
buono *m*	voucher
calzature *f pl*	footwear
cambiare	to change
camicia *f*	shirt
capítolo *m*	chapter
carta di crédito *f*	credit card
cassiere *m*	cashier
catálogo *m*	catalogue
cerniera *f*	zip
chiédere	to ask
chilo *m*	kilo(gramme)
chiúdere	to close
códice segreto *m*	PIN number

colore *m*	colour
colpa *f*	fault
come	like
comprare	to buy
conto *m*	bill
corrispóndere a	to be the equivalent of
dentro	inside
difficoltà *f*	difficulty
digitare	to punch in
droghiere *m*	grocer
etto *m*	100 grammes
facchino *m*	porter
festa *f*	feast
fortunato	lucky
funzionare	to work, function
gióvane	young
grammo *m*	gramme
grata *f*	shutter
grissino *m*	breadstick
impiegato/a *m/f*	clerk
indietro	back
in tutto	altogether
lana *f*	wool
léttera *f*	letter
magazzino *m*	store
maglione *m*	sweater
mandare	to send
matita *f*	pencil
méttere	to put
mi raccomando!	mind!
misura *f*	size
moneta *f*	loose change
mucca *f*	cow
nazionale	national
nel frattempo	in the meantime
occhiata *f*	look
olio *m*	oil
orologiaio *m*	watchmaker
pane *m*	bread
panino *m*	bread roll, sandwich
pantófole *f pl*	slippers
Papa *m*	pope

parmigiano *m*	Parmesan
pastina *f*	little cake
pelle *f*	leather
pérdere	to lose
pezzo *m*	piece
piacévole	pleasant
política *f*	politics
pomeriggio *m*	afternoon
portare	to wear
portare indietro	to take back
prémere	to press
proprietario *m*	owner
prosciutto *m*	ham
reclami *m pl*	complaints
regalare	to give (as a present)
regalo *m*	present
reparto *m*	department
ricevuta *f*	receipt
rimborso *m*	refund
riparare	to mend
ritirare	to withdraw
riuscire	to succeed
rivista *f*	magazine
rotto	broken
salame *m*	salami
sbagliato	wrong
scarpe *f pl*	shoes
schermo *m*	screen
sécolo *m*	century
segreto	secret
servizio *m*	set
soldi *m pl*	money
spéndere	to spend
spesa *f*	shopping (for food)
spese *f pl*	purchases, shopping
stamattina	this morning
suócera *f*	mother-in-law
taglia *f*	size
tasto *m*	button, key
usare	to use
vestito *m*	dress, suit
visitare	to visit

Chapter 7

In this chapter you will learn to say how you feel, describe ailments, name parts of the body and report an accident.

The grammar will include:
- reflexive verbs
- imperfect and pluperfect tenses
- irregular plurals
- irregular verbs: córrere, rimanere, rispóndere, rómpere, sedersi, succédere.

DESCRIBING AILMENTS: UNA VÍSITA MÉDICA

CONVERSATION A

In ambulatorio
At the doctor's surgery

Tony Jones has gone to Dr. Guglielmini with severe stomach ache:

Dottore	Si accómodi, signor Jones. Come si sente?
	Sit down, Mr Jones. How do you feel?
Tony	Ho mal di stómaco da due giorni e mi fa veramente male.
	I've had stomach ache for two days and it is really painful.
Dottore	Dov'è il dolore di preciso?
	Where exactly is the pain?
Tony	Qui, proprio in alto, e non mi passa neanche se mi córico.
	High up here and it doesn't go even when I lie down.
Dottore	Si metta sul lettino che La vísito.
	Lie on the couch and I will examine you.
	[After the examination]
Dottore	Bene, si vesta e si sieda qui che Le spiego.
	Right, get dressed and come and sit down while I explain.
Tony	Allora, cosa ne pensa?
	Well, what do you think (about it)?

Dottore	Secondo me, Lei ha una forma leggera di gastroenterite.
	In my opinion you have a mild form of gastroenteritis.
Tony	Ma è una malattía seria!
	But that is a serious illness!
Dottore	Non si preóccupi, prenda questa medicina tre volte al giorno dopo i pasti per una settimana e poi torni da me.
	Don't worry, take this medicine three times a day after meals for a week and then come back to see me.
Tony	Grazie.
	Thank you.
Dottore	Prego, e non si preóccupi!
	You're welcome, and don't worry!

46 Reflexive verbs

In Italian reflexive verbs (like 'I enjoy myself', 'I dress myself' etc.) are much more common than in English. They include:

(a) verbs which are reflexive in both languages:

divertirsi	to enjoy oneself
farsi male	to hurt oneself
lavarsi	to wash oneself
vestirsi	to dress oneself

(b) verbs which are reflexive in Italian but not in English:

addormentarsi	to fall asleep
alzarsi	to get up
ammalarsi	to fall ill
chiamarsi	to be called
coricarsi	to lie down
dimenticarsi	to forget
ricordarsi	to remember
riposarsi	to rest
sedersi	to sit down
svegliarsi	to wake up

including many verbs which in English start with 'to get ...':

annoiarsi	to get bored
arrabbiarsi	to get angry
pérdersi	to get lost

preoccuparsi	to get worried/to worry
sposarsi	to get married
stancarsi	to get tired
svestirsi	to get undressed

All reflexive verbs are preceded by the following reflexive pronouns:

Present tense

mi **lavo**	I wash myself
ti **lavi**	you wash yourself
si **lava**	he washes himself/she washes herself/ you *(form.)* wash yourself
ci **laviamo**	we wash ourselves
vi **lavate**	you wash yourselves
si **lávano**	they wash themselves

All reflexive verbs take 'éssere' in the perfect tense and the past participle agrees with the reflexive pronoun:

Perfect tense

mi sono lavato/a	I washed myself
ti sei lavato/a	you washed yourself
si è lavato/a	he washed himself/she washed herself/ you *(form.)* washed yourself
ci siamo lavati/e	we washed ourselves
vi siete lavati/e	you washed yourselves
si sono lavati/e	they washed themselves

Note that the reflexive pronouns must always be expressed in Italian, even when the verb is followed by a direct object:

Ci siamo lavati. *We washed.*
Mi sono lavato le mani. *I washed my hands.*
Si è fatta male al ginocchio. *She hurt her knee.*

Note also that the definite article, not the possessive adjective, is then used with the part of the body.

Exercise 63

Read Conversation A carefully, then answer the following questions:

1 Perchè Tony va dal dottore?
2 Secondo Lei, Tony si preóccupa molto?

3 Quante volte al giorno deve préndere la medicina?
4 Quando deve tornare dal dottore?
5 Tony ha una malattía seria?

Exercise 64

Answer these questions addressed to you, using the reflexive verb and the expression given:

Example:

Quando si rade? ... ogni mattina.　　　*Mi rado* ogni mattina.
(When do you shave?) ... (every morning.)　　*(I shave every morning.)*

1 Quando si alza ?	... alle 8.
2 Quando si córica?	... alle 11.
3 Quando si lava?	... tutte le mattine.
4 Quando si stanca?	... a lavorare troppo.
5 Quando si arrabbia?	Non ... mai.
6 Quando si annoia?	... a far la coda.
7 Quando si diverte?	... in vacanza.
8 Quando si sveglia?	... alle 7.30.
9 Quando si riposa?	... dopo pranzo.
10 Quando si perde?	... se non ho la cartina.

Exercise 65

Complete the following sentences using these verbs:

addormentarsi	to fall asleep
farsi male	to get hurt
sentirsi bene	to feel well
sentirsi male	to feel ill
ricordarsi	to remember
dimenticarsi	to forget
sposarsi	to get married
ammalarsi	to fall ill
lavarsi	to wash
asciugarsi	to dry oneself

Make sure that you use the same person and tense as in the first part of the sentence:

Examples:

Se siamo stanchi ...   Se siamo stanchi *ci riposiamo.*
Quando ho lavorato per 10 ore ...   Quando ho lavorato per 10 ore
                                          mi sono stancato/a.

1 Quando cado ...
2 Quando sono andati a letto ...
3 Ieri è andata dal dottore perchè ...
4 María è stata a letto quando ...
5 Abbiamo fatto il bagno, poi ...
6 Non ti ho telefonato perchè ...
7 María e Giovanni sono andati in chiesa e ...
8 Non prendo più le medicine perchè ...
9 Quando sono sporchi ...
10 Se scrivo la lista della spesa ...

DESCRIBING AN ACCIDENT: DESCRÍVERE UN INCIDENTE

CONVERSATION B

Un incidente stradale
A road accident

Peter describes to his girlfriend Luisa a road accident he saw in the centre of Rome:

Peter   Scúsami per il ritardo, ma c'è stato un brutto incidente davanti all'università.
        I'm sorry I'm late but there has been a terrible accident opposite the university.

Luisa   Un incidente? Cos'è successo?
        An accident? What happened?

Peter   Mentre aspettavo l'áutobus ho visto un mio compagno che è stato investito da un motorino.
        While I was waiting for the bus I saw one of my friends being run over by a scooter.

Luisa   Il tuo compagno attraversava la strada?
        Was your friend crossing the road?

Peter   Sì, ha visto l'áutobus arrivare e si è messo a córrere, ma c'era un motorino che veniva da una strada laterale e lui non se n'è accorto.

110

	Yes, he saw the bus coming and he started running, but there was a scooter coming from a side street and he didn't notice it.
Luisa	Mamma mia, si è fatto male?
	Oh dear! Was he hurt?
Peter	Ho proprio paura di sì, io sono corso súbito per aiutarlo. Forse si è rotto una gamba.
	I'm afraid so, I ran to help him straight away. He may have broken his leg.
Luisa	Avete chiamato l'ambulanza?
	Did you call an ambulance?
Peter	Sì, ed è venuta súbito. L'hanno portato al Pronto Soccorso dell'ospedale.
	Yes, and it came immediately. They have taken him to casualty at the hospital.
Luisa	Se vuoi, possiamo andare a trovarlo oggi pomeriggio.
	If you like we could go and visit him this afternoon.

Exercise 66

Read Conversation B, then answer the following questions:

1 Perchè Peter è in ritardo?
2 Che cosa è successo al suo compagno?
3 Perchè il suo compagno non ha visto il motorino?
4 Dove l'hanno portato?
5 Dov'era Peter quando è successo tutto questo?

47 Imperfect tense

The endings of the imperfect tense are formed by removing **-re** from the infinitive and adding **-vo, -vi, -va, -vamo, -vate, -vano**:

parlare	**vedere**	**venire**
parla*vo*	vede*vo*	veni*vo*
parla*vi*	vede*vi*	veni*vi*
parla*va*	vede*va*	veni*va*
parla*vamo*	vede*vamo*	veni*vamo*
parla*vate*	vede*vate*	veni*vate*
parlá*vano*	vedé*vano*	vení*vano*

When talking about something which happened in the past you use the imperfect tense:

(a) to describe people or things:

Garibaldi aveva la barba.   *Garibaldi had a beard.*

(b) to describe habitual or continuous action, as in English 'I used to do' or 'I was doing':

María mangiava quando sono arrivato.   *Mary was eating when I arrived.*
Da píccola abitavo in campagna.   *As a child I used to live in the country.*

(c) to describe something that happened in the past and went on for an unspecified period of time:

I bambini non volévano uscire.   *The children did not want to go out.*

48   Use of perfect and imperfect tenses

To help you with the use of these two past tenses, remember: the perfect is used when the action happened in the past and is *over with*, the imperfect is used when the action *went on for an unspecified period of time*:

Ho mandato una léttera a María perchè non stava bene.

ho mandato: The action is over and done with.
stava: Mary was unwell for an unspecified period of time.

49   Imperfect of 'éssere'

ero	I was
eri	you were
era	he/she was
eravamo	we were
eravate	you were
érano	they were

Exercise 67

Answer these questions addressed to you, using the imperfect tense:

Examples:
Andava a scuola quando era píccolo/a?
  Sì, *andavo* a scuola quando *ero* píccola/o.
Andavate a scuola quando eravate píccoli?
  Sì, *andavamo* a scuola quando *eravamo* píccoli.

1 Fumava quando era píccolo?
2 Faceva molti sport quando era a scuola?
3 Viaggiava molto quando abitava in Italia?
4 Andava sempre in mácchina quando lavorava in centro?
5 Sentiva molto i rumori quando dormiva al pianterreno?
6 Facevate molte gite quando eravate in montagna?
7 Andavate fuori spesso quando abitavate a Milano?
8 Fumavate quando avevate 18 anni?
9 Mangiavate solo verdura quando vivevate in Inghilterra?
10 Compravate sempre il giornale quando lavoravate in Italia?

Exercise 68

Answer the following questions using **ero** *or* **eravamo** *and the expressions given:*

Examples:
Perchè non è venuto ieri? ... impegnato.   Perchè *ero impegnato.*
(Why didn't you come yesterday?)   *(Because I was busy.)*
Perchè non siete venuti ieri? ... impegnati.   Perchè eravamo
                      impegnati.

1 Perchè è andato all'ospedale? ... malato.
2 Perchè non ha scritto? ... indisposto.
3 Perchè non ha telefonato? ... arrabbiato.
4 Perchè non è venuto prima? ... troppo stanco.
5 Perchè non ha visto il motorino? ... distratto.
6 Perchè non avete preso il caffè? ... senza soldi.
7 Perchè siete andati dal dottore? ... malati.
8 Perchè non siete venuti? ... stanchi.
9 Perchè non vi siete fermati di più? ... in ritardo.
10 Perchè avete chiamato l'ambulanza? ... molto preoccupati.

Exercise 69

Change the following sentences into the imperfect tense and make a contrast:

Example:
Adesso non leggo più.   Una volta *leggevo molto.*
(Now I don't read any more.)   *(Once I used to read a lot.)*

1 Adesso non viaggiate più.
2 Adesso non ci preoccupiamo più.
3 Adesso non viággiano più.
4 Adesso non scrivi più.
5 Adesso non lavora più.
6 Adesso non mi diverto più.
7 Adesso non usciamo più.
8 Adesso non fumo più.
9 Adesso non leggi più.
10 Adesso non párlano più.

Exercise 70

Put these sentences into the past tense, using **ieri**, *making sure that you use both the perfect and imperfect tenses where necessary:*

Example:
Prende un'aspirina perchè non si sente bene.
 Ieri *ha preso* un'aspirina perchè non *si sentiva* bene.

1 Prendo l'áutobus perchè sono stanca.
2 Non guardo la televisione perchè non funziona.
3 Quando sono a Firenze vado agli Uffizi.
4 Noi andiamo dal dottore perchè abbiamo la febbre.
5 Il dottore ti vísita in casa quando sei a letto malata.
6 Mi alzo alle dieci perchè è festa.
7 Mentre leggo il giornale entra il mio óspite.
8 Mentre scrivo la léttera i bambini mángiano tutti i cioccolatini.
9 Sandra ha mal di testa e non va a lavorare.
10 Mentre cammino lungo la strada vedo un incidente.

PARTS OF THE BODY

50 Irregular plurals

When describing parts of the body take care because many have irregular plurals and some also change from masculine to feminine:

l'orecchio *m*	le orecchie *f* (ears)
il labbro *m*	le labbra *f* (lips)
il braccio *m*	le braccia *f* (arms)
il dito *m*	le dita *f* (fingers)
il ginocchio *m*	le ginocchia *f* (knees)
la mano *f*	le mani *f* (hands)

Examples:

Giovanni si è fatto male alle ginocchia. *John hurt his knees.*
Ho le dita gelate. *My fingers are frozen.*

Note that you must use the definite article with parts of the body (see note on page 107).

Other irregular plurals include the following:

(a) masculine words ending in **-a** change this to **-i** in the plural:

il programma	i programmi
il telegramma	i telegrammi
l'artista	gli artisti
il pianista	i pianisti
il violinista	i violinisti

(b) foreign words, words ending with an accented vowel, words ending in **-i** and abbreviated words remain unchanged in the plural:

la città	le città
la difficoltà	le difficoltà
l'hobby	gli hobby
il taxi	i taxi
la tesi (thesis)	le tesi
il bar	i bar
il caffè	i caffè
la radio	le radio

CONVERSATION C

In farmacia
At the chemist's

Jeff is asking the chemist or **farmacista (Farm)** for advice after getting badly burnt by the sun.

Farm Desídera?
    May I help you?
Jeff Vorrei una crema contro le scottature.
    I'd like something for sunburn.
Farm Si è proprio preso una bella scottatura al viso.
    You've certainly burnt your face badly.
Jeff Non solo al viso, ma anche sulla schiena e sulle gambe.
    Not only my face but my back and legs too.
Farm Le do questo pomata. Se la metta due volte al giorno, ma stia attento a non esporsi al sole.
    I can give you this cream. Apply twice a day, but do be careful and don't sunbathe.
Jeff Va bene, grazie. E quanto devo evitare il sole?
    All right, thank you. How long should I stay away from the sun?
Farm Finchè l'arrossamento non è passato. Se poi si spella torni da me che Le do un'altra pomata protettiva.
    Until all the redness has gone. Then if you start peeling come back and I'll give you another protective cream.
Jeff Grazie mille, dottoressa.
    Thank you, doctor.

Exercise 71

Read Conversation C carefully, then answer these questions:

1 Perchè Jeff va dalla farmacista?
2 Che cosa gli prescrive?
3 Dove si deve méttere la pomata?
4 Fino a quando deve evitare il sole?
5 Poi che cosa deve fare?

Exercise 72

Complete the following conversation using the clues given:

You	Buongiorno, dottore.
Doctor	Buongiorno, si accomodi. Che disturbi ha?
You	*(I have a backache.)*
Doctor	Da quanto tempo ha questi síntomi?
You	*(For two days.)*
Doctor	Vediamo. Si córichi sul lettino e mi dica se Le fa male.
You	*(Yes, it is very painful. Is it serious?)*
Doctor	No, non si prẹóccupi! Dovrebbe éssere solo uno strappo muscolare.
You	*(What is a 'muscle strain'? What shall I do?)*
Doctor	Uno strappo muscolare è abbastanza comune. Si riposi il più possíbile e se deve piegarsi, pieghi le ginocchia e non la schiena.
You	*(Could you give me something to* (per) *sleep?)*
Doctor	Le do questa medicina per rilassare i múscoli.
You	*(Thank you, doctor!)*

51 Irregular verbs: 'sedersi', 'córrere', 'rimanere', 'rispóndere', 'rómpere', 'succédere'

sedersi   (to sit down)

Present tense

mi siedo
ti siedi
si siede
ci sediamo
vi sedete
si siédono

Perfect tense

córrere (to run)	**sono corso**
rimanere (to stay)	**sono rimasto/a**
rispóndere (to reply)	**ho risposto**
rómpere (to break)	**ho rotto**
succédere (to happen)	**è successo** (it happened)

52 Pluperfect

This tense ('I had seen', 'I had gone') is used in Italian as it is in English to express an action that happened before another action in the past. It is formed by using the imperfect tense of the verbs **avere** and **éssere** and the past participle:

Avevo già chiamato l'ambulanza quando sei arrivato tu.
I had already called an ambulance when you arrived.
Non era ancora andata a trovarlo.
She had not gone to see him yet.

Exercise 73

Put the verbs in brackets into the pluperfect in the following sentences:

Example:
Ieri Anna (andare) dal signor Bianchi, così io sono rimasta sola.
Ieri Anna *era andata* dal signor Bianchi, così io sono rimasta sola.

1 Eva non (rispóndere) alla mia léttera, così non le ho più scritto.
2 Gli studenti (andare) a Firenze due altre volte, ma questa volta hanno visto gli Uffizi.
3 Voi (éssere) in casa tutto il tempo e non me l'avete detto?
4 Il dottore (scrívere) la ricetta lunedì, ma l'ho ricevuta oggi.
5 María non (rómpere) mai niente, ma oggi ha fatto un disastro!
6 Silvio (farsi male) al braccio, così non è potuto venire.
7 Che cosa (succédere), perchè non sei andato?
8 La mácchina si è fermata perchè non ci (méttere) benzina.
9 Ha detto che (chiúdere) la porta.
10 Noi (sedersi) già, quando sei entrato tu.

KEY PHRASES

Non è venuto perchè era stanco.
Si sono fatti male alle braccia.
Tony ha detto che il motorino l'aveva investito.
Tutti i taxi érano occupati.

NEW WORDS

addormentarsi	to fall asleep
ambulanza *f*	ambulance
ambulatorio *m*	surgery
aiutare	to help
accórgersene	to notice
alzarsi	to get up
ammalarsi	to fall ill
annoiarsi	to get bored
artista *m & f*	artist
asciugarsi	to get dry
arrabbiarsi	to get angry
arrabbiato	angry
arrossamento *m*	reddening
attraversare	to cross
aver male di ...	to have a pain in ...
barba *f*	beard
benzina *f*	petrol
braccio *m (pl -a f)*	arm
brutto	ugly
camminare	to walk
campagna *f*	countryside
chiamarsi	to call oneself, to be called
cioccolatini *m pl*	chocolates
compagno	friend, mate
coricarsi	to lie down
córrere	to run
crema *f*	cream
di preciso	exactly
distratto	absent-minded, distracted
dito *m (pl -a f)*	finger, toe
divertirsi	to enjoy oneself
dottore *m*	doctor
esporsi al sole	to sunbathe
evitare	to avoid
finchè ... non	until
farmacista *m & f*	chemist
far male	to hurt
febbre *f*	fever, temperature
festa *f*	feast (day), holiday
forma *f*	form

forse	perhaps
gamba *f*	leg
gastroenterite *f*	gastroenteritis
gelato	frozen
ginocchio *m (pl* -a *f)*	knee
hobby *m*	hobby
impegnato	busy, engaged
incidente *m*	accident
indisposto	indisposed, unwell
investire	to run over
labbro *m (pl* -a *f)*	lip
laterale	on the side
lavarsi	to wash oneself
leggero	light, mild
letto *m*	bed
lettino *m*	couch
malattía *f*	illness, disease
male *m* **(di ...)**	ache, pain
mano *f*	hand
medicina *f*	medicine
médico *m*	medical doctor
médico	medical
motorino *m*	scooter
orecchio *m (pl* -e *f)*	ear
ospedale *m*	hospital
passare	to pass, to go
pérdersi	to get lost
pianista *m & f*	pianist
pomata *f*	ointment
preoccuparsi	to worry
preoccupato	worried
prescrívere	to prescribe
programma *m*	programme
Pronto Soccorso *m*	Casualty
protettivo	protective
rádersi	to shave
ricetta *f*	prescription
rimanere	to stay
riposarsi	to rest
rómpere	to break
schiena *f*	back
scottatura *f*	burn

secondo	according to, in the opinion of
sedersi	to sit down
sentirsi	to feel
serio	serious
sole *m*	sun
spellarsi	to peel
spiegare	to explain
sporcarsi	to get dirty
sporco	dirty
sposarsi	to get married
stancarsi	to get tired
stómaco *m*	stomach
strada *f*	road
strappo muscolare *m*	muscular sprain
súbito	immediately
succédere	to happen
svegliarsi	to wake up
svestirsi	to undress
telegramma *m*	telegramme
testa *f*	head
una volta	once
uscire	to go out
vestirsi	to get dressed
violinista *m & f*	violinist
vísita *f*	visit, examination
visitare	to visit, to examine
viso *m*	face

Chapter 8

In this chapter you will learn to talk about hobbies and interests, express opinions on TV, cinema and theatre, arrange meetings and activities, agree or disagree, apologise, and write a letter.

The grammar will include:
* comparatives and superlatives
* prepositions followed by infinitives
* agreement and disagreement
* expressions using *avere*
* irregular verbs: *decídere, accórgersi*
* the verb *fare*

HOBBIES AND INTERESTS: HOBBY E PASSATEMPI

CONVERSATION A

Alla festa
At the party

Fabio and Marina are at a party, where they have just been introduced, and discuss their mutual interests.

Fabio   Le piace il calcio?
        Do you like football?

Marina No, non mi interesso di sport, e Lei?
        No, I'm not interested in sports, and you?

Fabio   Beh, sono un tifoso dell'Inter, ma la mia vera passione è la lírica.
        Well, I am a fan of Inter Milan but opera is my real passion.

Marina Ma davvero? Anche a me piace molto. Specialmente Puccini.
        Really? I like it very much too. Specially Puccini.

Fabio   Qual è il Suo cantante preferito?
        Who is your favourite singer?

Marina Per me Plácido Domingo è insuperábile. Ma anche Pavarotti è bravo, intendiámoci.

For me, Placido Domingo is unbeatable. But Pavarotti is
good too, I admit.

Fabio   Bravo? È único! È il miglior tenore del mondo.
Good? He is unique! He is the best tenor in the world.

Marina   In un certo senso, sì. Tecnicamente è bravíssimo. Ma
Domingo ha una voce più calda, più espressiva.
In a way, yes. Technically he is very good. But Domingo's
voice has more feeling, more warmth.

Fabio   In questo Le do ragione. Domingo è molto espressivo e
anche récita bene. Ma ha visto Pavarotti alla televisione
ieri?
I agree with you about that. Domingo sings with feeling and
acts well too. But did you see Pavarotti on TV yesterday?

Marina   Sì, per dire la verità, mi è piaciuto.
Yes, I must admit, I liked him.

Fabio   Vede? Gliel'ho detto che è un genio!
See? Didn't I tell you that he is a genius!

53 Comparatives

Comparatives of inequality: 'more/less … than'

In Italian, when you compare two things which are unequal you
use **più** (more) or **meno** (less) in front of the adjective or adverb:

Ha una voce più espressiva.   *He has a more expressive voice.*
È una strada meno affollata.   *It is a less crowded street.*
Guardo la televisione più spesso.   *I watch television more often.*

'Than' is translated by:

(a) **di** before a noun, pronoun or numeral:

Il film dura meno *di* un'ora.
The film lasts less than one hour.
Tutti si divértono più *di* me.
They all enjoy themselves more than I.
Capisco María più facilmente *di* Gino.
I understand Mary more easily than Gino.

(b) **che** before any other part of speech:

Questa storia è più trágica *che* cómica.
This story is more tragic than comic.

Vado a teatro più spesso d'inverno *che* d'estate.
I go to the theatre more often in winter than in summer.

Note that if two similar things with different qualities are being compared you use **che** even before nouns:

Ci sono più turisti *che* veronesi in città.
There are more tourists than Veronese in town.
Leggo più riviste *che* giornali.
I read more magazines than newspapers.

Comparative of equality: 'as ... as'

When comparing two things that are alike ('as ... as'), in Italian you don't translate the first 'as' and you use **come** to translate the second:

Milano è grande come Roma. *Milan is as big as Rome.*
Milano non è grande come Londra. *Milan is not as big as London.*

Note that when in English you use 'as much' or 'as many', in Italian you use **tanto ... quanto,** but these agree with the noun or pronoun they refer to:

    Ho tanto tempo quanto te. *I have as much time as you.*
    Ho tanti amici quanti te. *I have as many friends as you.*
or: **Ho tanti amici quanto te.**

Exercise 74

Read Conversation A again very carefully, then answer these questions:

1 Secondo Marina, Pavarotti è bravo come Domingo?
2 Perchè Fabio non è d'accordo?
3 Tecnicamente, chi canta meglio?
4 A Marina è piaciuto Pavarotti alla televisione?
5 Marina è appassionata di sport?
6 Per chi fa il tifo Fabio?

Exercise 75

*Fill in the gaps in the following sentences using **più di** or **più che**:*

Example:
Luisa guadagna ... ... 900.000 lire al mese.
Luisa guadagna *più di* 900.000 lire al mese.

1 Ci sono ... ... 30.000 spettatori all'Arena.
2 Secondo me Roma è ... grande ... Milano.
3 Giovanni è ... studioso ... intelligente.
4 Ci sono ... teatri a Roma ... a Torino.
5 Conosco ... attori italiani ... stranieri.
6 Sua figlia è ... alta ...lei.
7 Fa ... caldo in Italia ... in Inghilterra.
8 Parla ... piano ... me.
9 Luisa mangia ... ... tutti.
10 L'Aida mi piace ... ... Rigoletto.

54 Superlatives

In Italian you form the superlative by putting **il più, la più, i più, le più** ('the most' or '-est' in English) in front of the adjective or adverb:

Il Pánteon ha la più grande cúpola del mondo.
The Pantheon has the largest dome in the world.

Note that the English 'in' is translated by **di** after a superlative.

Superlatives ending in **-íssimo**

To say that something is very big, very easy etc. in Italian you can either use **molto** or add **-íssimo/a/i/e** at the end of the adjective:

This opera is very long. **Quest'ópera è molto lunga.**
or: **Quest'ópera è lunghíssima.**

The palaces are very old. **I palazzi sono molto vecchi.**
or: **I palazzi sono vecchíssimi.**

55 Irregular comparatives and superlatives

buono (good)	**migliore** (better/best)	**óttimo** (very good)
cattivo (bad)	**peggiore** (worse/worst)	**péssimo** (very bad)
grande (great)	**maggiore** (greater/ greatest)	**mássimo** (very great)

píccolo (small)	**minore** (smaller/ smallest)	**mínimo** (very small)
molto (much)	**più** (more/most)	
poco (a little)	**meno** (less/least)	
bene (well)	**meglio** (better)★	
male (badly)	**peggio** (worse)★	

★ These are only used as adverbs.

Examples:

'Zia Teresa' è il miglior ristorante di Nápoli.
'Zia Teresa' is the best restaurant in Naples.
Il Barolo è un óttimo vino.
Barolo is a very good wine.
I miei fratelli minori sono a scuola.
My younger brothers are at school.
Canta meglio di me.
He sings better than I.

Note that **minore** also means 'younger' and **maggiore** 'older'.

Note also that **migliore** (like many words ending in **-re**) can drop the final **e** when followed by another word:

È il *peggior* film del festival.   *It is the worst film in the festival.*
Penso di *andár* via.   *I am thinking of leaving.*
Parlo al *signor* Rossi.   *I am speaking to Mr Rossi.*

Exercise 76

Translate the following sentences:

1 This is the worst wine in the world!
2 We are as good as you in Italian.
3 There were more than 20,000 spectators.
4 María Callas was a very famous singer.
5 St Paul's (Cathedral) is not as big as St Peter's.
6 John drinks more wine than water.
7 I feel better now.
8 These programmes are very boring.
9 We did not buy as many presents as you *(pl.)*.
10 My younger sister lives in Milan.

ARRANGING A MEETING: COME FISSARE UN APPUNTAMENTO

CONVERSATION B

In Piazza San Marco *In St Mark's Square*

Tony and Luisa have come to Venice for the day. Luisa wants to visit a church with her friend Carla and Tony wants to go to an exhibition.

Tony   Allora, se vuoi andare alla Chiesa del Cármine con Carla io mi fermo a vedere la mostra.
If you want to go and see the Chiesa del Carmine with Carla I'll stay and see the exhibition.

Luisa   Poi dove ci troviamo?
Where shall we meet* afterwards?

Tony   Fra due ore davanti all'Accademia?
In two hours in front of the Accademia?

Luisa   Va bene.
OK.

[Two hours later]

Luisa   Éccoci qua, ti è piaciuta la mostra?
Here we are, did you like the exhibition?

Tony   Sì, moltíssimo. E voi, vi siete divertite?
Yes, very much. And you, did you enjoy yourselves?

Luisa   Sì. L'Assunzione del Tiziano era magnífica. Poi, per strada, abbiamo fatto anche delle cómpere.
Yes, Titian's Assumption was marvellous. Then on the way we went and did some shopping.

Tony   Davvero? Cosa avete comprato?
Did you? What did you buy?

Luisa   Dei regali per i nostri amici.
Some presents for our friends.

Tony   Bene. Ma non avete fame adesso?
Good. Are you hungry now?

Luisa   Sì, molto. Abbiamo visto una trattoría qui vicino, perchè non ci andiamo insieme?
Yes, very. We saw a 'trattoria' near here, why don't we go there together?

Tony   Volentieri. Ho proprio voglia di sedermi e riposarmi un po'.
I'd love to. I do feel like sitting down and resting for a while.

Luisa   Óttima idea. Andiamo!
         Excellent idea! Let's go!

* The verb 'to meet' is translated by **trovarsi** to describe an arranged meeting and by **incontrarsi** to describe a chance meeting.

Exercise 77

Read Conversation B carefully, then answer the following questions:

1 Che cosa vuole vedere Tony?
2 Perchè non ci va anche Luisa?
3 Dove si tróvano fra due ore?
4 Che cosa hanno comprato le due ragazze?
5 Dove vanno a mangiare?

56 Prepositions with infinitives

In Italian 'to' before an infinitive is:

(a) not translated with modal verbs, like **voglio, posso, devo** and **preferisco, mi piace, desídero**:

Preferisco stare a casa.   *I prefer to stay at home.*
Non mi piace camminare.   *I don't like to walk.*

(b) translated by **a** with verbs such as **andare, venire, restare, imparare, divertirsi, riuscire**:

Vado a vedere la mostra.   *I am going to see the exhibition.*
Comincio a capire.   *I am beginning to understand.*
Li invito a mangiare.   *I invite them to eat.*

(c) translated by **di** with verbs such as **finire, pensare, crédere, accórgersi, prométtere, decídere, sperare**:

Ha deciso di venire.   *He decided to come.*
Finisco di léggere.   *I finish reading.*
Penso di venire.   *I am thinking of coming.*

Note that in English verbs preceded by prepositions end in '-ing', but in Italian only the infinitive can be used:

Ha cominciato a criticare.   *He started by criticising.*

Note also that there is no rule that will help you decide which verbs take **a** and which **di.** Try and memorise them, or write them down whenever you see or hear them used.

Exercise 78

Complete the following sentences with the verbs given, making sure that you use the correct prepositions, if required, before the infinitive:

1 **María e Gianni** (decided to) **non uscire oggi.**
2 (we start) **camminare alle tre.**
3 (she hopes) **arrivare in tempo.**
4 (I don't like) **guardare la partita di calcio.**
5 (do you enjoy) *(formal)* **visitare i musei e le galleríe?**
6 (he prefers) **fare le cómpere.**
7 **Tutti i negozi** (must) **chiúdere una volta alla settimana.**
8 (I finished) **scrívere la léttera.**
9 (they think) **capire molto ma non capíscono niente.**
10 (we are going) **mangiare al ristorante.**

57   Apologising

To say that you are sorry in Italian you use **dispiacere**:

mi dispiace	I am sorry
ti dispiace	you are sorry
gli dispiace	he is sorry
le dispiace	she is sorry
Le dispiace	you are sorry *(form.)*
ci dispiace	we are sorry
gli dispiace	they are sorry

Mi dispiace, ma non posso fermarmi.   *I am sorry but I can't stay.*
Ci dispiace di éssere in ritardo.   *We are sorry we're late.*

WRITING A LETTER: COME SCRÍVERE UNA LÉTTERA

READING

Tony is writing to his teacher to apologise for not attending his classes.

Venezia, 24 settembre '91

Caro Professore,

Sono venuto a Venezia con la mia ragazza e avevamo pensato di tornare doménica sera. Purtroppo, però, non possiamo arrivare in tempo per la lezione d'italiano lunedì perchè la nostra amica ci ha gentilmente invitati a restare qui ancora per qualche giorno per vedere la Regata stórica.
Abbiamo deciso di accettare perchè non vogliamo pérdere l'occasione di vedere uno spettácolo único al mondo come questo.
La prego di accettare le mie scuse per questa assenza.
Mi dispiace molto di dovér pérdere le lezioni e vorrei pregarLa di tenermi i fogli delle lezioni di lunedì, se questo non Le è di troppo disturbo.

Distinti saluti

Tony Smith

Venice, 24th September '91

Dear Professor ...

I came to Venice with my girlfriend and we had thought of coming back on Sunday night. Unfortunately, however, we cannot be back in time for the Italian lesson on Monday because our friend has kindly invited us to stay here for a few days to see the historic Regatta.
We have decided to accept because we do not want to miss the opportunity to see such a unique spectacle (in the world).
Please accept my apology for this absence.
I am very sorry to have to miss classes and may I ask you to keep Monday's worksheets for me if it is not too much trouble for you.

Yours sincerely,

Tony Smith

Note that a formal letter usually starts with **Caro** (or **Egregio**), **Cara** (or **Gentile**) followed by the addressee's title (**Dottore, Signore, Dottoressa** etc.) and ends with **Distinti saluti** (Yours faithfully/sincerely). A less formal letter would start with **Caro, Cara** followed by the addressee's first name and would end with **Tanti saluti** or **Affettuosi saluti** (Love, Much love).
The address is usually put at the bottom, not at the top, of a letter.

Exercise 79

Translate the following letter of apology:

Dear Mrs Rossi,

   Thank you for your invitation to the theatre next Tuesday. I am sorry, but unfortunately I cannot come. I am going to Florence on Tuesday and cannot come back until Wednesday.
   Please accept my apologies, but I have to go on business and I cannot refuse.

Yours sincerely,

58   Expressions using 'avere'

There are many expressions in Italian using **avere** instead of the English verb 'to be':

avere ragione	to be right
avere torto	to be wrong
avere fame	to be hungry
avere sete	to be thirsty
avere freddo	to be cold
avere caldo	to be hot
avere paura	to be afraid
avere fretta	to be in a hurry
avere voglia	to be willing/to feel like

Examples:

Mario ha ragione e tu hai torto.   *Mario is right and you are wrong.*
Io ho fame e freddo.   *I am cold and hungry.*

59   Agreement and disagreement

To say that you agree or disagree with somebody in Italian you use: **éssere d'accordo/non éssere d'accordo** or **dare ragione/dare torto.** Examples:

María ha ragione, ma Antonio le dà sempre torto.
Mary is right, but Antony always disagrees with her.

Sono d'accordo con te.   *I agree with you.*

Note: **éssere d'accordo** *con* ... but **dare ragione** *a* ...

Exercise 80

Comment on the statements using the correct expression from the following:

avere fame	avere caldo
avere sete	dare ragione
avere ragione	dare torto
avere torto	avere fretta
avere freddo	avere paura

Example:
Dico che la regina d'Inghilterra si chiama Rita.   Io *ho torto.*

1 Oggi la temperatura è sotto zero. Io ...
2 Non mángiano da due giorni. (loro) ...
3 Mario dice che io sono molto bravo. Io ... !
4 Tutti dícono che María studia poco, ma María ...
5 A Nápoli ci sono 40 gradi. Tutti ...
6 Vogliamo una bottiglia di acqua minerale. (noi) ...
7 Mario pensa sempre di aver ragione, ma io ...
8 Non mi piace viaggiare da sola perchè (io) ...
9 Dévono correre a prendere il treno. (loro) ...
10 Silvia dice che Parigi è in Spagna. Silvia ...

60   Use of the verb 'fare'

Fare is used in many expressions, with different meanings:

(a)   'to do' and 'to make':

Faccio il tè.   *I am making tea.*
Che cosa fai?   *What do you do?*
Faccio fatica.   *I make an effort.*

(b)   'to be' with jobs and professions:

Faccio la commessa.   *I am a shop assistant.*

(c)   'to take':

Faccio una passeggiata.   *I am taking a walk.*
Faccio il bagno.   *I am taking a bath.*

(d)   'to give':

Ho fatto una conferenza su Dante.   *I gave a lecture on Dante.*

(e) 'to get something done':

Faccio riparare la televisione. *I have the TV repaired.*
Li faccio studiare. *I make them study.*
Mi fa fare tutto! *He makes me do everything!*

(f) to describe the weather:

Fa bel tempo. *The weather is fine.*
Fa freddo. *It is cold.*

(g) in idiomatic expressions:

fare attenzione	to pay attention
far figura/colpo	to impress
fare la coda	to queue
fare il tifo	to support
fárcela	to manage
farla a qualcuno	to trick/deceive somebody
far sapere	to inform, to let [people] know

Exercise 81

Answer the following questions using the correct form of **fare**:

Examples:
Allora ce l'avete fatta?   Sì, ce l'*abbiamo fatta.*
(Could you manage then?)   *(Yes, we managed.)*
Fa l'attrice Lei?   Sì, *faccio* l'attrice.
(Are you an actress?)   *(Yes, I am an actress.)*

1 Avete fatto una passeggiata?
2 Ha fatto molte lezioni?
3 Fa brutto tempo oggi?
4 Le fa ripétere l'esercizio?
5 Mi fa vedere quella fotografia?
6 Fate colazione in albergo?
7 Si fa costruire una casa?
8 Vi fa fare molto lavoro?
9 Ce la fa?
10 Avete fatto fatica?

61 Irregular verb: 'accórgersi'

Perfect tense

accórgersi   **mi sono accorto/accorta** (I noticed)

Exercise 82

Translate the following sentences:

1 We decided to go to the exhibition.
2 In my opinion this is the worst film by Fellini.
3 They did not realise that I was very tired.
4 Which is the largest theatre in the world?
5 I don't like music as much as you *(fam.)* do.
6 Hotels are more expensive in August than in June.
7 Shall we meet in three hours?
8 I am very sorry about being late.
9 Did you enjoy yourself *(formal)* with your friends yesterday?
10 Did you *(formal)* manage to find the tickets?

KEY PHRASES

Mi dispiace di non éssere venuto.
È il più famoso cantante del mondo.
Non ce la faccio più.
Londra è più grande di Milano.

NEW WORDS

accettare	to accept
accordo *m*	agreement
accórgersi	to realise
affettuoso	affectionate, loving
appassionato	fond
assenza *f*	absence
attore *m*	actor
attrice *f*	actress
avér voglia (di)	to feel like, to want
bravo	good, clever

calcio *m*	football
caldo	hot, warm
cantante *m & f*	singer
cattivo	bad
coda *f*	queue
cómpera *f*	purchase
conferenza *f*	lecture
costruire	to build
criticare	to criticise
cúpola *f*	dome
Egregio ...	Dear [sir]
davvero	really
dispiacere	to be sorry
distinto	distinguished
Distinti saluti	Yours sincerely/faithfully
disturbo *m*	bother
duomo *m*	cathedral
espressivo	intense, with feeling
facilmente	easily
fame *f*	hunger
fatica *f*	effort
fárcela	to manage, to cope
fermarsi	to stop, to stay
festa *f*	party
féstival *m*	festival
Firenze *f*	Florence
fissare	to arrange
freddo *m*	cold
fretta *f*	hurry
gallería *f*	gallery
genio *m*	genius
Gentile	Dear [madam]
gentile	kind
grado *m*	degree
incontrarsi	to meet
insuperábile	unbeatable, outstanding
intelligente	intelligent, clever
inténdere	to understand
interessarsi	to be interested
inverno *m*	winter
invito *m*	invitation
lírica *f*	operatic music, opera

maggiore	greater, greatest
magnífico	magnificent
male	badly
meglio	better *(adverb)*
migliore	better, best
minore	smaller, smallest/younger, youngest
música *f*	music
[música] lírica *f*	operatic music, opera
mondo *m*	world
mostra *f*	exhibition
museo *m*	museum
occasione *f*	opportunity
palazzo *m*	palace, block [of flats]
passatempo *m*	pastime
passeggiata *f*	walk
passione *f*	passion, interest
paura *f*	fear
peggio	worse *(adverb)*
peggiore	worse
per affari	on business
péssimo	very bad
pregare	to pray, to beg
presuntuoso	conceited
ragione *f*	right, reason
recitare	to act
regata *f*	regatta
Roma *f*	Rome
saluto *m*	greeting
scusare	to forgive, to excuse
senso *m*	way, sense
sete *f*	thirst
simpático	likable
sincero	sincere
sotto	below, under
Spagna *f*	Spain
spesso	often
spettácolo *m*	show, spectacle
spettatore *m*	spectator
storia *f*	story, history
stórico	historical
straniero	foreign, foreigner
studioso	studious

tanto ... quanto	as much/many ... as
teatro *m*	theatre
tecnicamente	technically
tenore *m*	tenor
tifo *m*: **fare il tifo**	to support
tifoso	fan, supporter
torto	wrong
trágico	tragic
trovarsi	to meet
turista *m & f*	tourist
único	unique
verità *f*	truth
voce *f*	voice

Chapter 9

In this chapter you will learn to describe your job, talk about jobs in
general, discuss current affairs, choose the appropriate form of address
and spell names and acronyms.

The grammar will include:
- relative pronouns
- use of gerund and infinitive
- continuous present and imperfect tenses (*sto, stavo* + gerund,
  stare per ...)
- imperatives of *fare, dire, andare*
- *da', di', fa', sta', va'* with pronouns
- irregular verbs: *eléggere* and verbs ending in *-gliere*
- negative pronouns and adverbs.

TALKING ABOUT JOBS: PARLARE DI LAVORO

CONVERSATION A

At an old school reunion Antonio and María meet ten years after
leaving school and talk about their jobs.

A una riunione di ex-allievi
At an old school reunion

Antonio	Ciao María, ti ho riconosciuta súbito!
	Hello Maria, I recognised you straight away!
Maria	Ciao, mi pareva di averti riconosciuto. Sono proprio contenta di rivederti.
	Hello, I thought I recognised you. I am really pleased to see you again.
Antonio	Anch'io, sai. E dimmi un po', cosa fai di bello?
	So am I, you know. Tell me, what do you do now?
Maria	Faccio l'avvocato, e tu? Ti sei dedicato agli affari, mi pare.
	I'm a lawyer, and you? You're in business, aren't you?

Antonio	Sì, lavoro per una compagnía che fábbrica computer.
	Yes, I work for a computer manufacturing company.
María	Li fai o li vendi?
	Making or selling them?
Antonio	Li vendo, lavoro nel reparto véndite. È Marco che è diventato un esperto di elettrónica. Ti ricordi di Marco, no?
	I sell them, I work in the sales department. It's Marco who became an expert in electronics. You remember Marco, don't you?
María	Come no? È lui che mi ha fatto conóscere mio marito!
	Of course I do! He's the one who introduced me to my husband.
Antonio	Davvero? Tuo marito era all'università con lui?
	Really? Was your husband at university with him?
María	No, no. Mio marito gestisce un bar, ma vanno spesso in piscina insieme e ci siamo conosciuti lì.
	No. My husband runs a bar, but they often go to the swimming pool together and we met there.
Antonio	Fammi conóscere tuo marito, e io ti presento la mia compagna. È quella che parla con Tina e Mario.
	Introduce me to your husband and I'll introduce you to my partner. She is the one talking to Tina and Mario.
María	Beníssimo.Chi è la signora con cui parla Sandro?
	Fine. Who is the lady Sandro is talking to?
Antonio	Quella è la direttrice della nostra compagnía. Faceva un anno più di noi a scuola.
	She is our company manager. She was in the year above us.

62 Relative pronouns

The relative pronouns 'who', 'whom', 'which', 'that' etc. are sometimes omitted in English, but in Italian they are always expressed.

They are:

(a) **che** to translate the English 'who', 'whom', 'which', 'that' when they are not used with a preposition:

la signora che è venuta   *the lady who came*
gli uómini che hai conosciuto   *the men (whom) you met*
gli uffici che réstano aperti   *the offices that stay open*

(b) **cui** used after a preposition and to translate 'whose':

Questa è la ditta per cui lavoro. *This is the firm I work for.*
i colleghi con cui lavoro *the colleagues with whom I work*
È Marco di cui conosco la moglie. *It is Marco whose wife I know.*

(c) **quello che** or **ciò che** when the relative pronoun 'what' in English is used with the meaning of 'that which':

Faccio quello che vuoi. *I'll do what you want.*
Ciò che vedi è ciò che ho. *What you see is what I have.*
Ti do tutto quello che ho. *I'll give you all I have.*

(d) **quelli che** (plural) or **chi** (singular) to translate the English 'that/those/the one/ones/he/she/they/someone who ...'

Chi non paga non può venire. *Those who don't pay can't come.*
Quelli che non págano non póssono venire.

BUT remember that this is the only time **chi** is used as a relative pronoun. Otherwise it is only used in questions (see Chapter 2). **Chi** must NEVER be used instead of **che**.

(e) **il quale** (which also takes the forms **la quale, i quali, le quali** and combines with the prepositions **a, di, da, in, su**). It is used almost exclusively in writing and usually for emphasis or to avoid ambiguities:

il padre della signora, *del quale* **ti ho parlato**
the lady's husband, about whom I spoke to you
questi colleghi, *ai quali* **non parlo**
these colleagues, to whom I don't talk

Exercise 83

Read Conversation A carefully again, then answer these questions using complete sentences:

1 Cosa fa il marito di María?
2 Qual è la compagna di Antonio?
3 Chi è Marco?
4 Che cosa fa Antonio?
5 È Marco che fa l'avvocato?

Exercise 84

Complete these sentences using the correct form of the relative pronouns
che, cui, quello che, quelli che, chi, il/la quale:

1 Quella signora … parla con María è la mia segretaria.
2 Questa è la Borsa di Milano di … ti ho parlato.
3 Molti degli uffici in … lavoriamo sono al primo piano.
4 Mi dice sempre … vuole.
5 … non stúdiano non pássano gli esami.
6 Lo stipendio … riceviamo è mínimo.
7 Per favore mi potete mandare tutto … avete preparato?
8 La ragazza di Antonio, con … non parlo più, è simpática invece.
9 Questo è l'albergo in … siamo stati durante le vacanze.
10 … non ha visto Roma non conosce l'Italia.

CHOOSING FORM OF ADDRESS: QUANDO DARSI DEL TU O DEL LEI

CONVERSATION B

Tony is asking Luisa when she uses **tu** and when she uses **Lei**.

Tony Dimmi Luisa, tu a chi dai del tu e a chi del Lei?
Tell me Luisa, who do you use tu *with and who do you use* Lei *with?*

Luisa Dunque, io do del tu a tutti i gióvani della mia età e naturalmente ai miei parenti, anche a quelli più anziani.
Well, I use tu *with all young people of my age and of course with my relatives, even elderly ones.*

Tony E io a chi potrei dare del Lei?
What about me? Who should I use Lei *with?*

Luisa Fa' come me. Da' del tu a tutti eccetto alle persone che non conosci e che sono decisamente più vecchie di te.
Do what I do. Use tu *with everybody except people whom you don't know and who are definitely older than you.*

Tony Per esempio, il giornalaio ti ha dato del tu, ma tu gli hai dato del Lei. Come mai?
For instance, the newsagent used tu *with you, but you used* Lei *with him. Why?*

Luisa Il giornalaio mi conosce da quand'ero bambina, ma io, essendo più gióvane, devo dargli del Lei.

The newsagent has known me since I was a child, but being younger I must use Lei with him.

Tony   Ho capito. Allora io posso dare del tu alla cameriera della mensa che ha più o meno la mia età?

I understand. So can I use tu with the canteen waitress who is roughly my age?

Luisa   Beh, dipende. Se ti dà del tu, dalle del tu, altrimenti no.

That depends on whether she uses tu with you. If she does you do the same, otherwise you don't.

Tony   Mi pare una cosa un po' delicata!

It all seems rather tricky!

Luisa   Sì, è una questione un po' personale. Sta' attento, se non sei sicuro usa il Lei.

Yes, it is quite a personal thing. Be careful and if in doubt use Lei.

Exercise 85

Read Conversation B very carefully, then answer these questions, using a full sentence whenever possible:

1 A chi dà del tu Luisa?
2 Perchè le dà del tu il giornalaio?
3 A chi potrebbe dar del tu Tony?
4 A chi dovrebbe dare del Lei?
5 Luisa dà del Lei a Tony?

63 Irregular verbs: imperatives of 'andare', 'dire', 'fare'

	andare (to go)	dire (to say)	fare (to do)
(tu)	va'!	di'!	fa'!
(Lei)	vada!	dica!	faccia!
(noi)	andiamo!	diciamo!	facciamo!
(voi)	andate!	dite!	fate!

Examples:

Signora, vada all'ufficio passaporti!   *Please go to the passport office, madam!*

Fátelo adesso, ragazzi!   *Do it now, boys!*

Mi dica la verità, signor Rossi!   *Mr Rossi, tell me the truth!*

64 Shortened imperative forms followed by pronouns

When **da'**, **di'**, **fa'**, **sta'** and **va'** – shortened imperative forms – are used with a pronoun, the initial consonant of the pronoun is doubled (except for **gli**):

Dacci oggi il nostro pane quotidiano. *Give us our daily bread.*
Dille la verità! *Tell her the truth.*
Fammi un favore! *Do me a favour.*
Stacci almeno un'ora! *Stay there at least an hour.*
Valli a trovare in agosto! *Go and visit them in August.*

Note that **ci** means 'there' as well as 'us' and 'to us'.
Note also that **andare a trovare** means 'to pay a visit to'.

Exercise 86

Change these imperatives from the **lei** *to the* **tu** *form:*

Example:
Mi faccia un favore! *Fammi* un favore!

1 Mi dia quell'indirizzo!
2 Le faccia vedere l'ufficio!
3 Ci dica la verità!
4 La vada a trovare domani!
5 Mi dia del tu!
6 Ci stia un po' di più!
7 Le faccia il biglietto!
8 Mi dica chi è!
9 Gli faccia una fotografia!
10 Mi dia la mano!

CURRENT AFFAIRS: ATTUALITÀ

CONVERSATION C

Il programma d'attualità
The current affairs programme

Peter and his landlady are discussing a current affairs programme they have just watched on television.

Peter   Se ho capito bene la lira sta salendo.
If I understood correctly the lira is going up.

Landlady   Sì, certo che, considerando il costo della vita, probabilmente tutto rimane lo stesso.
Yes, it is. But if you look at the cost of living, it is all likely to stay the same.

Peter   Ma il Presidente del Consiglio ha spiegato che se gli stipendi non auméntano, anche i prezzi réstano uguali.
But the Prime Minister explained that if wages don't go up prices will stay the same too.

Landlady   Mah! I sindacati stanno discutendo proprio adesso un aumento del sette per cento.
Who knows! The unions are discussing a 7 per cent pay rise at the moment.

Peter   Secondo Lei i sindacati avrébbero torto?
Would you say that the unions are wrong?

Landlady   No, ma gli stipendi dovrébbero restare al di sotto dell'inflazione.
No, I would not, but wages ought to stay below inflation.

Peter   L'inflazione è più bassa in Italia che in Inghilterra, vero?
Inflation is lower in Italy than in England, isn't it?

Landlady   Sì, al momento sì. Ma ha visto che c'è lo sciópero dei treni domani?
At the moment it is. But did you see that there is a train strike tomorrow?

Peter   Di tutti i mezzi di trasporto, mi pare. Di sólito quanto dúrano questi scióperi?
An all-out transport strike, I think. How long are these strikes usually?

Landlady   Lo sciópero generale di sólito dura solo ventiquattr'ore.
A general strike usually lasts only 24 hours.

Peter   Meno male! Perchè vorrei andare via per il weekend. Ma, a dir la verità, io sono d'accordo con i ferrovieri.
Thank goodness for that! Because I'd like to go away for the weekend. But, quite frankly, I agree with the railmen.

Landlady   Ah sì? E perchè?
You do, do you? Why?

Peter   Il loro portavoce ha detto che fanno sciópero perchè préndono solo in media uno stipendio di un milione al mese. Non è molto.
Their spokesman said that they are striking because they get an average of one million a month. That's not much.

Landlady   Vedo che Lei è di sinistra. Come mio figlio. Io sono
democristiana, invece.
*I see that you are left-wing. Like my son. While I am a
Christian Democrat.*

Peter   In un certo senso sì, in Inghilterra voto laburista. I
democristiani sono di destra, allora?
*In a way, yes. In England I vote labour. The Christian
Democrats are right-wing, then?*

Landlady   No, la Democrazía Cristiana è il partito di centro.
Ma il Presidente del Consiglio è socialista, perchè c'è
al governo una coalizione adesso.
*No, the Christian Democratic Party is a centre party. But
the Prime Minister is a Socialist, because now there is a
coalition in government.*

Exercise 87

*Read Conversation C carefully, check all the new expressions, then try
and answer these questions without looking at the text:*

1 La Democrazía Cristiana è un partito di sinistra?
2 La signora è di destra?
3 Perchè fanno sciópero i ferrovieri?
4 Il costo della vita sta salendo in Italia?
5 Di che cosa stanno parlando Peter e la signora?

65 Gerund

In Italian the gerund (like the English '-ing' form: 'smoking',
'writing' etc.) is formed by removing the ending **-o** from the first
person of the present and adding **-ando** (with **-are** verbs) or
-endo (with **-ere** and **-ire** verbs):

parlare   **vedere**   **uscire**

parl*ando* (speaking) **ved*endo*** (seeing) **usc*endo*** (going out)

Note that the endings of the gerund are never irregular, but with
verbs like **bere**, **dire** etc. remember that the stem comes fom the
first person of the present and not from the infinitive:

bere (io bevo) **bevendo**
dire (io dico) **dicendo**
fare (io faccio) **facendo**

Examples:

Camminando in fretta sono arrivata in cinque minuti.
By walking fast I arrived in 5 minutes.
Uscendo ho visto Paola.
(While I was) going out I saw Paola.

Note that the gerund in Italian must be used *without* a preposition. When it is necessary to use a preposition, then you must use an infinitive and not a gerund (see Chapter 8 Section 56).

Note also that in Italian you cannot use a gerund instead of a relative clause or as a noun:

Fumare fa male. *Smoking is harmful.*
la ragazza che parla con lui *the girl (who is) talking with him*

66 Continuous present and imperfect

If you want to say that you are or were doing something, you sometimes use the continuous present or imperfect tenses in Italian.

These are formed by the present or imperfect of **stare** (not **éssere**) followed by the gerund:

sto mangiando I am eating **stavo mangiando** I was eating
stai **stavi**
sta **stava**
stiamo **stavamo**
state **stavate**
stanno **stávano**

But continuous tenses are much less commonly used in Italian than in English. As a general rule you would only need to use them to emphasise what you are doing *at a precise moment*:

Non può venire adesso, sta mangiando.
He can't come now, he's eating.
Stiamo partendo proprio adesso.
We are leaving this very minute.
Stavo uscendo e proprio allora ha suonato il teléfono.
I was going out and just then the phone rang.

Note that object pronouns can be put either before **stare** or at the end of the gerund:

La sto guardando.

or: **Sto guardándola.** *I am looking at her.*

Exercise 88

Complete the following sentences by adding the gerund of the verbs given in brackets:

1 María e Giovanni stávano (guardare) la partita alla televisione.
2 (studiare) i verbi ho imparato a parlare meglio.
3 (léggere) il giornale seguo le notizie d'attualità.
4 Ho visto il suo vestito (méttere) via la roba.
5 Aspetta, non vedi che l'ascensore sta (venire).
6 Ha fatto i soldi (véndere) frutta e verdura al mercato.
7 Non posso venire al bar, il treno sta (arrivare) proprio adesso.
8 Abbiamo passato la serata (discútere) di política.
9 (fare) colazione al bar arrivo in ufficio presto.
10 Che cosa ti stávano (dire)?

67 Use of 'stare per ...'

When you want to say that something is 'about to' or 'going to' happen, in Italian you use **stare per ...** followed by an infinitive:

Fammi sedere! *Sto per* **svenire.** *Let me sit down! I am going to faint.*

Il treno *sta per* **fermarsi.** *The train is about to stop.*

68 Irregular verb: 'eléggere'

eléggere (to elect) Perfect tense: **ho eletto**

69 Negative pronouns and adverbs

In Italian all negative pronouns like **niente** (nothing), **nessuno** (nobody), **mai** (never), **neanche** (neither, not even), **nè...nè** (neither ... nor) etc. require **non** before the verb:

Non conosco nessuno a Roma.   *I don't know anybody in Rome.*
Non siete mai andati al Vaticano?   *Have you never been to the Vatican?*
Non mangio nè carne nè pesce.   *I eat neither meat nor fish.*
Non ci credo neanch'io.   *I don't believe it either.*

Note that in Italian you can use two or more negatives in the same sentence:

***Non* mangia *mai niente* a colazione.**
He never eats anything for breakfast.

BUT if the negative pronoun is used *before* the verb, then **non** is not used:

***Nessuno* ha visitato il castello.**   *Nobody visited the castle.*

70   Verbs ending in '-gliere'

The 1st person singular and the 3rd person plural of the present of these verbs and the past participle are irregular:

scégliere (to choose)

Present tense   Perfect tense

sce*lgo*   **ho sce*lto*** etc.
scegli
sceglie
scegliamo
scegliete
scé*lgono*

	Present tense	Perfect tense
cógliere (to pick)	**colgo/cólgono**	**colto**
sciógliere (to dissolve)	**sciolgo/sciólgono**	**sciolto**

Exercise 89

Complete these sentences using **stare per**:

Example:
Non posso chiamarlo: ... uscire.   *Sta per* uscire.

1 Non posso disturbarli: ... uscire.
2 Non posso mandarla a casa: ... dormire.

3 Non posso interrómperli: ... finire.
4 Non posso invitarlo:... andare in vacanza.
5 Non posso disturbarle: ... coricarsi.
6 Non posso portarlo qui a pranzo: ... andare al ristorante.
7 Non posso tenerli qui: ... partire.
8 Non posso ignorarli: ... salutarmi.
9 Non posso telefonarle: ... andare a letto.
10 Non posso chiamarli: ... préndere l'áutobus.

Exercise 90

Read the following passage carefully and check the words you
don't know in the vocabulary at the end of the lesson, then
translate it into English.

Lo stato italiano

L'Italia è una repúbblica dal 1946, l'anno in cui c'è stato il
referendum per decídere se mantenere la monarchía o no. La
monarchía ha perso e la casa di Savoia, che era la casa regnante,
è andata in esilio.

La Costituzione, entrata in vigore nel 1948, stabilisce che il
Presidente della Repúbblica è Capo dello Stato ma non Capo del
Governo; non è eletto dal pópolo ma dai membri del Parlamento.

Il Capo del Governo è il Presidente del Consiglio, che insieme ai
Ministri forma il Governo che deve ésser approvato da tutte e
due le Cámere.

Il Parlamento consiste della Cámera dei Deputati che ha 630
membri e del Senato che ne ha 315. La Cámera dei Deputati e il
Senato sono eletti per cinque anni, il Presidente della Repúbblica
per sette anni.

Gli italiani vótano a diciotto anni per la Cámera (dei Deputati),
ma póssono votare per il Senato solo all'età di venticinque anni.

I partiti polítici italiani compréndono, alla sinistra: il Partito
Democrático della Sinistra (PDS), il Partito Socialista (PSI), il
Partito Socialista Democrático (PSDI), il Partito dei Verdi, il
Partito Radicale, il Partito Repubblicano (PRI). Al centro c'è la
Democrazía Cristiana (DC) e alla destra, il Partito Liberale
(PLI), il Partito Monárchico, il Movimento Sociale Italiano
(MSI). Ci sono anche alcuni partiti più píccoli, regionali.

Exercise 91

Re-translate the passage above into Italian, making sure that you correct any possible mistakes, then answer the following questions in full:

1 L'Italia è diventata una Repúbblica nel 1948?
2 Il Presidente della Repúbblica è Capo del Governo?
3 Quanti deputati ci sono alla Cámera?
4 A che età vótano in Italia?
5 Il MSI è un partito di sinistra?

71 Spelling and acronyms

Acronyms

Most acronyms (like **CIT** or **FIAT**) are read like ordinary words. But with some, the letters have to be read one by one. The initials of some of the political parties mentioned above are read as follows:

DC	**la Dicí**
PCI	**il Picí**
MSI	**il Mis**

All the others in the passage are read letter by letter.

Spelling

If you want to read less commonly used acronyms, or if you need to spell your name in Italy, this is how you will read the letters of the alphabet:

a	a		n	enne
b	bi		o	o
c	ci		p	pi
d	di		q	qu
e	e		r	erre
f	effe		s	esse
g	gi		t	ti
h	acca		u	u
i	i		v	vi
j	iota [i lunga]		w	doppio vi [doppio vu]
k	kappa		x	ics
l	elle		y	ípsilon
m	emme		z	zeta

Note that j, k, w, x and y are not part of the Italian alphabet.

When spelling out foreign words over the telephone in Italy, you must give each letter followed by the name of a city:

'Root': **'erre' come Roma, 'o' come Otranto, 'o' come Otranto, 't' come Torino.**

Exercise 92

Translate the following sentences:

1 Give me *(fam.)* the suitcases, the train is coming in!
2 Not knowing anything, I didn't speak.
3 Not having a passport, I can't leave.
4 He cannot come now because he is eating.
5 Tell me who it is! *(fam.)*
6 Go there immediately! *(fam.)*
7 I never choose the seat near the window.
8 It is so hot today, I am going to faint.
9 I cannot invite them, they are about to go out.
10 I did not know the people with whom you *(form.)* were staying.

KEY PHRASES

Non li vada a trovare: stanno per uscire.
Quelli che lavórano con me sono tutti molto bravi.
Dammi del tu!
Mi ha chiamata proprio mentre stavo mangiando.
Non ho mai visto nessuno neanch'io.

NEW WORDS

alcuni	some, any
al di sotto	below
altrimenti	otherwise
andare a trovare	to visit, to pay a visit to
anziano	old
approvare	to approve
attento	careful

attualità *f*	current affairs
aumento *m*	increase
avvocato *m*	lawyer
basso	low
Borsa *f*	Stock Exchange
Cámera *f*	Chamber
capo *m*	head, boss
Capo dello Stato *m*	Head of State
castello *m*	castle
che	who, whom, that, which
chi	the one/ones who
chiamare	to call
ciò che	what, that which
coalizione *f*	coalition
cógliere	to pick
come mai?	how come?, why?
come no!	yes, certainly! and how!
compagna *f*	partner, companion
compagnía *f*	company
comunista	communist
consístere	to consist
cosa *f*	thing
costo *m*	cost
cui	whom, which
dare del tu/del lei	to use **tu/Lei**
dare la mano	to shake hands
decisamente	definitely
dedicarsi	to devote oneself
delicato	delicate
democrático	democratic
deputato *m*	Member of Parliament
dipéndere	to depend
direttrice *f*	director
discútere	to discuss
disturbare	to bother
diventare	to become
domani	tomorrow
eccetto	except
eléggere	to elect
elezioni *f pl*	elections
elettrónica *f*	electronics
entrare in vigore	to become law

esilio *m*	exile
esperto	expert
età *f*	age
fabbricare	to manufacture
far vedere	to show
ferroviere *m*	railman
formare	to form
frutta *f*	fruit
generale	general
gestire	to run (a business)
governo *m*	government
ignorare	to ignore
il quale	who, whom, which, that
inflazione *f*	inflation
Inghilterra *f*	England
interrómpere	to interrupt
invece	instead, on the contrary
invitare	to invite
Italia *f*	Italy
laburista	labour
liberale	liberal
lista *f*	list
mantenere	to keep
media *f*	average
membro *m*	member
mèno male	thank goodness
mensa *f*	refectory, canteen
mercato *m*	market
mezzo *m*	means
mi pare	I think
momento *m*	moment
monarchía *f*	monarchy
notizie *f pl*	news
parente *m & f*	relative
parlamentare	parliamentary
Parlamento *m*	Parliament
partita *f*	match
partito *m*, (**Partito** *m*)	party, (political party)
per cento	per cent
per esempio	for example
personale	personal
piscina *f*	swimming pool

pópolo *m*	people
portavoce *m & f*	spokesperson
presentare	to introduce
presidente *m & f*	chairperson, president
Presidente del Consiglio	Prime Minister
presto	early
probabilmente	probably
questione *f*	matter, question
quotidiano	daily
referendum *m*	referendum
regionale	regional
regione *f*	region
regnante	ruling
repúbblica *f*	republic
repubblicano	republican
restare	to stay, to remain
ricévere	to receive
riconóscere	to recognise
ricordarsi	to remember
rivedere	to see again
salire	to climb, to go up
salutare	to greet
scégliere	to choose
sciógliere	to dissolve
sciópero *m*	strike
seguire	to follow
Senato *m*	Senate
senatore *m*	senator
sindacato *m*	trade union
sistema *m*	system
socialista	socialist
spiegare	to explain
stabilire	to establish, to dictate
stesso	same
stipendio *m*	salary
suonare	to ring
svéndita *f*	sale
svenire	to faint
teléfono *m*	telephone
trasporto *m*	transport
treno *m*	train
trovare	to find

ufficio *m*	office
uguale	same, equal
vacanza *f*	holiday
vecchio	old
verde	green
vita *f*	life
votare	to vote
voto *m*	vote

Chapter 10

In this chapter you will learn how to engage in small talk, talk about
yourself, discuss your interests and your job, and exchange comments
on the weather.

The grammar will include:
* future tense
* future perfect and past conditional
* disjunctive pronouns (*me, te, lui, lei, noi, voi, loro, sè*)
* use of prepositions *a, da, di,* ...
* reflexive pronouns *ci, vi, si* to translate 'each other'/'one another'.

GETTING TO KNOW PEOPLE: FAR CONOSCENZA

CONVERSATION A

Una gita in montagna
A trip to the mountains

Tony and Jeff go on a coach trip to Monte Baldo, near Lake
Garda. Tony talks to Silvana, a young nurse whom they have just
met.

Silvana	Scusate, posso sedermi qui con voi?
	Excuse me, may I sit here with you?
Tony	Certo signorina, si accómodi.
	Certainly, please do.
Silvana	Grazie. Siete inglesi, vero?
	Thank you. You are English, aren't you?
Tony	Sì, siamo di Londra. Il lago ci piace moltíssimo e adesso vorremmo vedere un po' anche i monti vicini.
	Yes, we are from London. We like the lake very much and now we would like to see the mountains nearby.
Silvana	A me la montagna piace anche più del lago. Vedrete che vista stupenda c'è dalla cima!
	I like the mountains even more than the lake. You will see what a marvellous view there is from the top!

Tony	Non vedo l'ora di arrivare al Monte Baldo! Quanto ci vorrà ancora?

I can't wait to get there! How long will it take?

| Silvana | Mi hanno detto che arriveremo verso le úndici. E poi dovremo fare una bella camminata di circa due ore. |

We'll arrive towards 11, they told me. Then we'll have a good two hour walk.

| Tony | Noi non siamo abituati alle montagne in Inghilterra. Sarà difficile questa camminata fino alla cima? |

We are not used to mountains in England. Will it be hard, this walk to the top?

| Silvana | No, sono sicura di no. Neanch'io sono molto abituata alle camminate. Lavoro a Milano tutto l'anno e coi turni che faccio ho poco tempo per gli svaghi! |

No, I am sure it won't. I'm not used to walking either. I work in Milan all year round and, given the hours on duty, I have little leisure time.

| Tony | Proprio come noi. Lavoriamo in un ospedale e spesso siamo di turno anche al sábato e alla doménica. |

It's the same with us. We work in a hospital and we are often on duty even Saturdays and Sundays.

| Silvana | Ma guarda che coincidenza! Io faccio l'infermiera al Policlínico di Milano. |

What a coincidence! I am a nurse at Milan General Hospital.

| Tony | Siamo infermieri anche noi ... |

We are nurses too ...

72 Future tense

The future tense is formed in a similar way to the conditional (see Chapter 5 Section 34), by removing the **-e** of the infinitive and adding **o, ai, a, emo, ete, anno** and by changing the **-a** of **-are** into **-e**:

parlare	préndere	finire
parler**ò**	prender**ò**	finir**ò**
parler**ai**	prender**ai**	finir**ai**
parler**à**	prender**à**	finir**à**
parler**emo**	prender**emo**	finir**emo**
parler**ete**	prender**ete**	finir**ete**
parler**anno**	prender**anno**	finir**anno**

The immediate future in Italian is often expressed by the present tense, but when you want to talk about a more distant or unknown future or to express uncertainty you must use the future tense. Examples:

Véngono domani. *They are coming tomorrow. [I am sure of it.]*

but:

Verranno domani. *They will (probably) come tomorrow. [I am not sure.]*

Chi vincerà le próssime elezioni? *Who will win the next elections? [We don't know the outcome.]*

73 Irregular future and conditional tenses

Note that with the future, as with the conditional, a number of verbs have special stems:

(a) some verbs, and their compounds, have a contracted stem:

andare	**andrò**	**andrei**
	(I will go)	(I would go)
avere	**avrò**	**avrei**
	(I will have)	(I would have)
bere	**berrò**	**berrei**
	(I will drink)	(I would drink)
cadere	**cadrò**	**cadrei**
	(I will fall)	(I would fall)
dovere	**dovrò**	**dovrei**
	(I will have to)	(I would have to)
éssere	**sarò**	**sarei**
	(I will be)	(I would be)
potere	**potrò**	**potrei**
	(I will be able to)	(I could)
sapere	**saprò**	**saprei**
	(I will know)	(I would know)
tenere	**terrò**	**terrei**
	(I will keep)	(I would keep)
vedere	**vedrò**	**vedrei**
	(I will see)	(I would see)
venire	**verrò**	**verrei**
	(I will come)	(I would come)

vívere	vivrò	vivrei
	(I will live)	(I would live)

(b) verbs ending in **-care** and **-gare** insert an **h** following the **-c** and **-g** of the stem (i.e. they keep the hard **c** and **g** sounds):

cercare	cercherò	cercherei
	(I will seek)	(I would seek)
pagare	pagherò	pagherei
	(I will pay)	(I would pay)

(c) verbs ending in **-ciare, -giare, -sciare** drop the **i** of the stem:

cominciare	comincerò	comincerei
	(I will start)	(I would start)
mangiare	mangerò	mangerei
	(I will eat)	(I would eat)
lasciare	lascerò	lascerei
	(I will leave)	(I would leave)

(d) some verbs ending in **-are** keep the characteristic vowel of the stem:

dare	darò	darei
	(I will give)	(I would give)
fare	farò	farei
	(I will do)	(I would do)
stare	starò	starei
	(I will stay)	(I would stay)

Exercise 93

Read Conversation A carefully, then answer these questions in full:

1 Dove vanno in gita Jeff, Tony e Silvana?
2 Dovranno camminare molto?
3 A che ora arriveranno al Monte Baldo?
4 Che cosa fa Silvana?
5 Dove lavórano tutti e tre?

Exercise 94

Answer these questions using the expression **prima o poi** *(sooner or later) and the future tense:*

Example:
Vuole cominciare oggi?　　Prima o poi *comincerò.*

1 Vuole venire oggi?
2 Vuole pagare oggi?
3 Vuole ballare oggi?
4 Vuole andare oggi?
5 Vuole giocare oggi?
6 Vuole scégliere oggi?
7 Vuole finire oggi?
8 Vuole ordinare oggi?
9 Vuole ritornare oggi?
10 Vuole studiare oggi?

Exercise 95

Change these sentences by adding **magari** *(perhaps, maybe) and the future tense:*

Example:
Vado da sola.　　　　　　Magari *andrò* da sola.
(I am going alone.)　　　　*(Perhaps I'll go alone.)*

1 Véngono a piedi.
2 Possiamo dormire in tenda.
3 Portate voi qualcosa da mangiare.
4 Usciamo più tardi.
5 Fa più bella figura.
6 Non gli danno la mancia.
7 Ci aspéttano all'altra fermata.
8 Canto un'altra aria.
9 Paghi tutto insieme.
10 Gestisce lui il ristorante.

74　Future perfect and past conditional

The future perfect ('I will have done') and the past conditional in Italian are formed with the future or conditional of **avere** and **éssere** plus the past participle of the main verb:

Future perfect

avrò	parlato	sarò	andato/a
avrai		sarai	
avrà		sarà	
avremo		saremo	andati/e
avrete		sarete	
avranno		saranno	

Past conditional

avrei	parlato	sarei	andato/a
avresti		saresti	
avrebbe		sarebbe	
avremmo		saremmo	andati/e
avreste		sareste	
avrébbero		sarébbero	

Fra due ore saranno arrivati sulla cima.
In two hours they will have got to the top.

Note that the future perfect also expresses probability in the past:

Non hai passato l'esame? *Avrai* **studiato ben poco!**
Haven't you passed the exam? You must have studied very little!

The past conditional in Italian is used whenever there is a past tense in the main part of the sentence:

Mi ha detto che sarebbe venuto.   *He told me that he would come.*

JOBS AND INTERESTS: IL LAVORO E GLI SVAGHI

CONVERSATION B

Tony and Jeff have made friends with Silvana and are now discussing jobs and interests with her. Tony does all the talking because Jeff cannot speak much Italian yet.

Silvana   Da quanto tempo lavorate in ospedale?
How long have you been working at the hospital?

Tony   Io da tre anni, ma Jeff da due. A me il lavoro piace, e a te?
Three years, but Jeff for two. I like my job, do you?

Silvana   Sì, mi piace, ma è un po' duro. Lavoro quattro o anche cinque turni di dódici ore alla settimana!

Yes I do, but it is a little hard. I do four or five twelve hour duties per week.

Tony   Per noi è difficile perchè non abbiamo sempre gli stessi turni e così certe settimane ci vediamo sì e no.

It is difficult for us because we are not always on duty at the same time, so some weeks we hardly see each other.

Silvana   Vivete insieme?

Do you live together?

Tony   Sì, da un anno. Purtroppo noi abbiamo poco tempo per altri interessi. E tu?

Yes, we have lived together for a year. Unfortunately we don't have much time for other interests. And you?

Silvana   Mi piace andare a cavallo, ma costa caro a Milano. Mi piace anche andare al cínema.

I enjoy riding, but it is expensive in Milan. I like going to the cinema too.

Tony   Io faccio collezione di francobolli, ma a Jeff piácciono cose più artístiche. Va a teatro e al cínema come te.

I collect stamps, but Jeff likes more artistic things. He goes to the theatre and the cinema, like you.

Exercise 96

Read Conversation B carefully, then answer the following questions in full:

1 Da quanto tempo lavórano Tony e Jeff in ospedale?
2 Quanti turni fa Silvana alla settimana?
3 Perchè Tony e Jeff si védono sì e no certe settimane?
4 A Silvana piace andare a cavallo?
5 Che cosa piace a Tony?

75   Each other/one another

In Italian you use the reflexive pronouns **ci**, **vi**, **si** to translate 'each other' or 'one another':

Ci conosciamo.   *We know each other.*
Si parlano.   *They speak to one another.*
Vi telefonate spesso?   *Do you phone each other often?*
Si danno del tu.   *They use **tu** with each other.*

76 Use of prepositions 'a', 'da', 'di'

This is a summary of uses of the prepositions **a**, **da** and **di**, most of which you have already seen.

The preposition **a** is used:

(a) to translate the English 'to':

Parlo a María. *I speak to Mary.*
Vado a Roma. *I go to Rome.*

(b) to translate the English 'at' or 'in' to indicate place (except with names of countries):

Ábito a Milano. *I live in Milan.*
Sto a casa. *I stay at home.*

BUT with names of countries you use **in**:

Vivo in Italia. *I live in Italy.*

(c) to translate the English 'at' with expressions of time:

Arrivo alle due. *I am arriving at two o'clock.*
a notte alta at *nightfall*

(d) to express means or manner:

Giochiamo a tennis. *We play tennis.*
Vado a piedi. *I am going on foot.*
Lavo tutto a mano. *I wash everything by hand.*

(e) with expressions of distance and price:

Costa tremila lire al chilo. *It costs 3.000 lire a kilo.*
Milano è a trecento chilómetri da Venezia. *Milan is 300 km from Venice.*

(f) with descriptive expressions:

una trota alla griglia *a grilled trout*
un vestito a righe *a striped dress*

(g) with other prepositions like: **vicino a** (near), **insieme a** (together with), **in cima a** (on top of), **davanti a** (in front of), **fino a** (as far as), **di fronte a** (opposite), **in mezzo a** (in the middle of) etc.

The preposition **da** is used:

(a) to translate the English 'from':

Il treno parte da Génova.   *The train comes from Genoa.*
Sono lontano da casa.   *I am far from home.*

(b) to translate the English 'by':

Vivo da sola.   *I live by myself.*
È curato dal médico.   *He is cured by the doctor.*

(c) to translate the English 'as' in time expressions:

da bambina   *as a child*
da gióvane   *as a young person*

(d) to translate the English 'for' to express uninterrupted time:

Ábito a Roma da due mesi.   *I have lived in Rome for two
  months.*
Studio da tre mesi.   *I have been studying for three months.*
E morto da un anno.   *He has been dead a year.*

Note that in these expressions you must use the present tense
in Italian.

(e) to translate the English 'to' or 'at the house/office/shop of':

Vado dal giornalaio.   *I am going to the newsagent's.*
Vieni da me?   *Are you coming to my place?*
Ti fermi da Mario?   *Are you staying at Mario's?*

(f) to describe inherent physical characteristics or quality:

una tazza da tè   *a tea cup*
un francobollo da trecento lire   *a 300 lire stamp*
È roba da pazzi!   *It's sheer lunacy!*

(g) to express purpose:

Ho molto da fare.   *I have a lot to do.*
Vorrei qualcosa da léggere.   *I'd like something to read.*

The preposition **di** is used:

(a) to translate the English 'of' or "s' (see Chapter 2):

un albergo pieno di turisti   *a hotel full of tourists*
la divisa di un infermiere   *a nurse's uniform*

(b) to indicate origin:

Sono di Verona.   *I am from [i.e. was born in] Verona.*

(c) with comparatives (see Chapter 8):

Il Monte Bianco è più alto del Monte Baldo.
Mont Blanc is higher than Monte Baldo.

(d) to describe the material of which something is made:

una camicia di cotone   *a cotton shirt*
una scátola di legno   *a wooden box*

(e) in certain idiomatic expressions:

Mi pare di sì.   *I think so.*
Dice di no.   *He says no.*
niente di nuovo   *nothing new*

(f) with other prepositions like: **a fianco di** (at the side of),
prima di (before), **a causa di** (because of) etc.

Exercise 97

Complete the following questions with the correct preposition:

Example:
La banca è davanti ... la farmacía.
   La banca è davanti *alla* farmacía.
   (The bank is in front of the pharmacy.)

1 Giovanni mi ha detto ... sì.
2 Domani forse andremo ... María.
3 Ho comprato una camicia ... seta.
4 Lavora all'ospedale ... un anno.
5 Silvana è ... Milano.
6 Il giornalaio è di fronte ... la banca.
7 Oggi giochiamo ... calcio.

8 L'áutobus arriva ... le due.
9 Hai molto ... fare?
10 Il suo ufficio è ... duecento metri ... biblioteca.

THE WEATHER: IL TEMPO

CONVERSATION C

Una gita a Cortina
A trip to Cortina

Peter and Luisa are planning a skiing holiday.

Peter	Hai gli scarponi da sci?
	Have you got ski boots?
Luisa	No, pensavo di prénderli a noleggio, con gli sci.
	No, I thought of hiring them, with the skis.
Peter	Io li ho presi in préstito da Gianni. Ma c'è un negozio che li dà a nolo per tremila lire al giorno.
	I borrowed them from Gianni. But there is a shop that hires them for 3,000 lire a day.
Luisa	Dov'è? È quello dietro all'ostello?
	Where is it? Is it the one behind the hostel?
Peter	No, è di fianco alla Posta. Ma hai visto che piove?
	No, it's next to the post office. But have you noticed that it is raining?
Luisa	Allora non possiamo sciare se fa così brutto tempo.
	Then we cannot ski if the weather is so bad.
Peter	Magari a Cortina ci sarà il sole, perchè non ci andiamo lo stesso?
	Perhaps in Cortina it's sunny, why don't we go all the same?
Luisa	D'accordo, se fa brutto tempo anche lì, ci fermeremo in quel bel ristorante sopra alla funivia.
	All right, if the weather is bad there, we can stop at that nice restaurant at the top of the cable car.
Peter	Prendo la mácchina dal garage e ci troviamo di fronte a casa tua.
	I'll get the car from the garage and we'll meet opposite your house.

Exercise 98

Read Conversation C very carefully, then answer the following questions in full:

1 Da chi ha preso in préstito gli scarponi Peter?
2 Dove danno sci a nolo?
3 Che tempo fa adesso?
4 Se fa brutto tempo a Cortina cosa faranno?
5 Dove si tróvano Peter e Luisa?

77 Use of disjunctive pronouns

These are the disjunctive pronouns in Italian:

me	me
te	you *(sing)*
lei	her
Lei	you *(formal)*
lui	him
noi	us
voi	you *(pl)*
loro	them
sè	himself/herself/themselves/oneself

They are used:

(a) after a preposition:

> **Vado con lui.** *I am going with him.*
> **Lavora per sè.** *He/She works for himself/herself.*

(b) in exclamations:

> **Póvera me!** *Poor me!*
> **Beati voi!** *Lucky you!*

(c) in comparisons:

> **Sono più vecchio di te.** *I am older than you.*

(d) instead of direct or indirect object pronouns, for emphasis or when there are two objects:

Parla a me non a voi. *He is speaking to me, not to you.*
Carlo chiama me, non te. *Charles is calling me, not you.*
A me il teatro non piace. *I (emphatic) don't like the theatre.*
Imposterà lui la léttera. *He (emphatic) will post the letter.*

Exercise 99

Change the words in brackets into the appropriate disjunctive pronouns:

Examples:

Parlo a [María] non a [Enzo].   Parlo a *lei* non a *lui.*
[Mi] teléfona davvero?   Teléfona davvero *a me?*

1 [Gli] scriverai davvero?
2 Guardo [il bambino] non [la madre].
3 [Ci] parla, ma non a nessun altro.
4 Siete sicuri che [vi] scriverà?
5 C'è molta gente prima di [Mario].
6 [Le] manderai solo un regalo?
7 Párlano spesso di [Carlo e Marina].
8 Fa tutto da [solo].
9 Andiamo a cavallo con [le ragazze].
10 [Mi] invítano proprio?

Exercise 100

Translate the following sentences:

1 We will write to you *(pl)* soon.
2 We have known each other for three years.
3 They bought a silk tie for their father.
4 I work as a nurse in Florence.
5 Do you *(fam.)* have a lot to do?
6 I want to see you *(fam.)*, not your girlfriend!
7 I will start studying next week.
8 They went to Mary's for supper.
9 Lucky you *(form.)*!
10 The hospital is opposite the bank.

KEY PHRASES

Giocheremo a tennis.
Non avranno voluto restare da lei.
Il negozio è dietro alla banca.
Forse domani farà bel tempo.

NEW WORDS

a causa di	because of
a fianco di	at the side of, next to
aiuto *m*	help
alto	high, tall
aria *f*	air, tune
artístico	artistic
assegno *m*	cheque
beato	lucky (in exclamations), blessed
biblioteca *f*	library
blusa *f*	blouse
camminata *f*	walk
cantare	to sing
cavallo *m*	horse
cercare	to look for
chilómetro *m*	kilometre
cínema *m*	cinema
circa	about, approximately
coincidenza *f*	coincidence
collezione *f*	collection
cotone *m*	cotton
curare	to cure
dietro a	behind
di fronte a	opposite
di turno	on duty
divisa *f*	uniform
duro	hard
éssere abituato a	to be used to
fare bella figura	to look well
fare conoscenza	getting acquainted
farmacía *f*	pharmacy
fermata *f*	stop
fino a	as far as

francobollo *m*	stamp
funivía *f*	cable car
gente *f*	people
gita *f*	trip
guida *f*	guide
in cima a	on top of
infermiere/a	nurse
insieme a	together with
legno *m*	wood
lì	there
magari	perhaps, maybe
médico *m*	doctor
montagna *f*	mountain
monte *m*	mount, mountain
morire	to die
morto	dead
noleggio, nolo *m*	hire
non vedér l'ora di	to look forward to
ordinare	to order
pazzo	mad
piedi *m pl*	feet
Policlínico	General Hospital
posta *f*	mail/post office
póvero	poor
préndere in préstito	to borrow
prestare	to lend
préstito *m*	loan
prima di	before
riga *f*	stripe, line
scarponi *m pl*	boots
scátola *f*	box
sci *m pl*	skis
sciare	to ski
seta *f*	silk
sì e no	hardly
svago *m*	pastime
turno *m*	duty, shift
ufficio postale *m*	post office

Key to exercises

In this key we have printed *only* the accents that are normally printed in modern Italian. We have not printed the acute accents which are included in the rest of the course to show you where words are stressed. Remember that these are not normally printed in Italian and you should not get into the habit of writing them yourself.

CHAPTER 1

Exercise 1: 1 Sì, è americana. 2 No, è italiano. 3 Sì, è libera. 4 Sì, è americano. 5 Sì, è inglese. 6 Sì, è italiana. 7 No, è americana. 8 Sì, è italiano. 9 Si, è singola. 10 No, è singola.

Exercise 2: 1 Non sono di Verona. 2 Sandro Bianchi non ha una bella casa. 3 L'albergo non è pieno. 4 La signorina non lavora in un albergo. 5 Non parlate bene l'italiano?

Exercise 3: 1 Questo è lo Zoo. 2 Parliamo bene l'italiano. 3 Il marito di Mary è inglese. 4 Rita è la moglie di Sandro. 5 Ascolto l'opera alla Scala. 6 La signora è italiana. 7 L'albergo è molto comodo. 8 Questa è la camera singola. 9 Ecco la chiave. 10 Ecco il passaporto.

Exercise 4: 1 No, è inglese. 2 Si chiama Mary. 3 Abita a Venezia. 4 Sono di Milano. 5 Sandro lavora a Venezia. 6 Sì, lavora in un albergo. 7 Sì, è una commessa. 8 No, lavora a Londra. 9 Mary è insegnante. 10 Sì, Mary e John abitano in una casa con giardino.

Exercise 5: 1 Abito a Milano. 2 Lavora a Venezia? 3 Dove abita? 4 Sono una commessa. 5 Rita Rossi parla italiano. 6 Abitiamo a Pavia e lavoriamo a Milano. 7 Londra è bella. 8 Avete il passaporto americano? 9 Di dove siete? 10 Sono inglese.

CHAPTER 2

Exercise 6: 1 No, è un po' piccola. 2 È in fondo al corridoio a destra. 3 Sì. 4 Nello sgabuzzino. 5 È vicino alla cucina.

Exercise 7: 1 Queste sono le mie camere. 2 I bagni sono occupati. 3 Lavoriamo per la nostra compagnia. 4 Gli studenti americani studiano molto. 5 Le sue valigie sono vuote. 6 I pasti cominciano dopo le nove. 7 I nostri pensionanti parlano bene le lingue. 8 Le signore arrivano con le figlie. 9 Se le porte sono aperte noi entriamo. 10 Gli appartamenti al primo piano sono spaziosi.

Exercise 8: 1 Ha tre camere. 2 È al quarto piano. 3 Va a casa di Maria. 4 No, vive in periferia. 5 Sì, c'è la metropolitana vicino.

Exercise 9:
... abito in periferia.
... c'è la metropolitana vicino.
... una casa piccola con un giardino grande.
... una cucina grande.
... due camere da letto e un bagno.
... è abbastanza vicino.

Exercise 10: 1 vive 2 dormono 3 prendiamo 4 sentite 5 apri 6 vedete 7 vestono 8 sentite 9 mette 10 conosciamo

Exercise 11: 1 i suoi 2 Il suo 3 la loro 4 i vostri 5 i miei 6 tua 7 la nostra 8 mio 9 le Sue 10 le vostre

Exercise 12: 1 Sì, ha bambini. 2 No. L'affitto del garage è extra. 3 No. Ha la biancheria. 4 È in Piazza Indipendenza. 5 Sì, c'è tutto il necessario.

Exercise 13: 1 È del signor Rossi. 2 È degli studenti. 3 È del mio amico. 4 È della signora Rossi. 5 È dei bambini.

Exercise 14: 1 allo 2 al 3 alla 4 ai 5 alle 6 all' 7 agli

Exercise 15: 1 Troviamo gli appartamenti ammobiliati sui giornali. 2 Le figlie delle signore vivono con i loro ragazzi. 3 Non vediamo la differenza tra queste case e le altre. 4 Le chiavi delle porte sono dalle portinaie. 5 Gli inquilini prendono le cartoline dalle cassette delle lettere.

Exercise 16: 1 Metto la mia macchina in garage. 2 Parto per l'ufficio da solo. 3 Scrivi a tua sorella oggi?/Scrive a Sua sorella oggi? 4 Suo fratello vive qui? 5 Sente molto rumore nella strada affollata.

Exercise 17: 1 Maria vive con suo padre a Roma. 2 Il mio appartamento è vicino al centro di Milano. 3 Di chi è questa camera? È dei bambini. 4 La loro cucina è piccola. 5 Dove abitate, in un appartamento o in una casa?

CHAPTER 3

Exercise 18: 1 Va alla CIT. 2 Desidera una cartina di Roma. 3 Dal tabaccaio o dal giornalaio. 4 Per settantacinque minuti. 5 Costa settecentocinquanta lire.

Exercise 19: 1 Quella cartina è gratis. 2 Quell'autobus è affollato. 3 Quel treno è veloce. 4 Quello scompartimento è riservato. 5 Partite con quegli amici di Emma? 6 Porti quelle valigie in stazione? 7 Quei biglietti sono di andata e ritorno. 8 Quegli orari sono giusti. 9 Parti con quell'aereo? 10 Sono liberi quei posti?

Exercise 20: 1 Questo è il mio posto. 2 Questi biglietti sono validi per tre ore. 3 Questi sono i miei ospiti italiani. 4 Prendiamo quel treno. 5 È quella la fermata? 6 Quei bambini sono inglesi. 7 Viaggiamo su quell'autobus. 8 Quelle sono le mie valigie. 9 Quello sportello è aperto. 10 Questa è la stazione.

Exercise 21: 1 Va in Piazza Navona. 2 Sono le undici e mezzo. 3 A mezzogiorno. 4 Ci vuole circa un quarto d'ora. 5 Il venticinque.

Exercise 22: 1 Sono le due e mezzo. 2 Sono le tre. 3 Sono le ventuno. 4 Sono le dodici e quindici/È mezzogiorno e un quarto. 5 È mezzanotte/Sono le ventiquattro. 6 Sono le quattro e tre quarti/Sono le cinque meno un quarto. 7 Sono le otto e trentacinque. 8 È l'una e mezzo. 9 Sono le due e cinquanta/Sono le tre meno dieci. 10 Sono le sette e dieci.

Exercise 23: 1 A che ora parte l'autobus? Alle sei. 2 A che ora parte l'aereo? Alle sette e trenta. 3 A che ora parte il treno? Alle ventidue e trenta. 4 A che ora arriva il treno? Alle diciassette e venticinque. 5 A che ora arriva l'autobus? Alle tredici e quindici.

Exercise 24: 1 È andato alla stazione. 2 Perchè il treno è partito in ritardo. 3 È partita da Siena. 4 Ha prenotato il ristorante. 5 Ha preparato la camera per Luisa.

Exercise 25: 1 Ieri Mario è arrivato alle tre. 2 Ieri il treno è partito alle nove. 3 Ieri l'autobus è arrivato in ritardo. 4 Ieri Maria è partita con il treno. 5 Ieri i signori Bianchi sono arrivati alle due. 6 Ieri le valigie sono cadute per terra. 7 Ieri la signorina è andata in macchina. 8 Ieri noi siamo partite all'una. 9 Ieri voi siete andati in treno? 10 Ieri i viaggiatori sono andati a prendere il taxi.

Exercise 26: 1 Un'ora fa ho guidato la macchina. 2 Un'ora fa ho mangiato il pranzo. 3 Un'ora fa Maria ha preparato la colazione. 4 Un'ora fa abbiamo venduto la nostra macchina. 5 Un'ora fa hanno comprato i biglietti. 6 Un'ora fa i passeggeri hanno guardato l'orario. 7 Un'ora fa hai sentito questo rumore? 8 Un'ora fa abbiamo finito il pranzo. 9 Un'ora fa abbiamo prenotato il ristorante. 10 Un'ora fa hanno portato le valigie sul treno.

Exercise 27:
- Beníssimo, grazie. Ma l'aereo è partito in ritardo da Roma. Così sono arrivato a Cagliari in ritardo.
- Alle dieci e tre quarti, ma sono partito da casa alle sette.
- No, ho preso una macchina a noleggio.
- Sì, ma ho deciso di prendere la macchina a noleggio per una settimana.
- Non ho visto il centro di Roma. Vorrei andare in tutti i posti famosi.

Exercise 28: Oggi Francesca è tornata dalla Sardegna. È arrivata in aereo, l'aereo ha fatto scalo ad Alghero e il volo è durato tre ore. È stata a Cagliari poi ha preso una macchina a noleggio ed è andata a Nuoro per due giorni, ma non ha avuto molto tempo per vedere la città. Ha firmato il contratto per il nuovo albergo. Ha visto anche il nuovo direttore. Ha fatto molto, ma la prossima volta desidera restare più a lungo.

CHAPTER 4

Exercise 29: 1 Rita vuole affittare un appartamento. 2 Non posso guardare questa lista? 3 Vorrei prenotare una camera. 4 Non possiamo pagare molto. 5 Dobbiamo partire alle nove. 6 Volete andare al campeggio? 7 Possono venire oggi. 8 Deve pagare di più. 9 Vuole stare in una pensione? 10 Se posso voglio stare a Venezia per tre giorni.

Exercise 30: 1 Devo andare più tardi. 2 Devo aspettare alla stazione. 3 Devo vedere la mia padrona di casa. 4 Voglio venire alle tre. 5 Voglio restare all'albergo. 6 Voglio vedere i miei amici. 7 Posso venire a mezzogiorno. 8 Posso restare al campeggio. 9 Posso invitare una collega. 10 Posso pagare stasera.

Exercise 31: 1 Vuole una casetta in campagna. 2 Preferisce abitare in campagna. 3 Sì, può trovare un appartamento non restaurato. 4 Sì, ma deve telefonare al mattino. 5 Sì, c'è l'acqua.

Exercise 32: 1 Sì, scriva pure! 2 Sì, cominci pure! 3 Sì, finisca pure! 4 Sì, mangi pure! 5 Sì, pulisca pure! 6 Sì, chiuda pure! 7 Sì, serva pure! 8 Sì, guardi pure! 9 Sì, parta pure! 10 Sì, entri pure!

Exercise 33: 1 Sì, scrivi pure! 2 Sì, comincia pure! 3 Sì, finisci pure! 4 Sì, mangia pure! 5 Sì, pulisci pure! 6 Sì, chiudi pure! 7 Sì, servi pure! 8 Sì, guarda pure! 9 Sì, parti pure! 10 Sì, entra pure!

Exercise 34: 1 Scusate, dobbiamo scrivere? Sì, scrivete pure! 2 Scusate, dobbiamo cominciare? Sì, cominciate pure! 3 Scusate, dobbiamo finire? Sì, finite pure! 4 Scusate, dobbiamo mangiare? Sì, mangiate pure! 5 Scusate, dobbiamo pulire? Sì, pulite pure! 6 Scusate, dobbiamo chiudere? Sì, chiudete pure! 7 Scusate, dobbiamo servire? Sì, servite pure! 8 Scusate, dobbiamo guardare? Sì, guardate pure! 9 Scusate, dobbiamo partire? Sì, partite pure! 10 Scusate, dobbiamo entrare? Sì, entrate pure!

Exercise 35: 1 Signorina, non chiuda la finestra, per favore! 2 Mario, non portare la mia valigia, per favore! 3 Piero, non guardare la televisione, per favore! 4 Signorina, non prenda la chiave, per favore! 5 Maria, non prendere la chiave, per favore! 6 Ragazzi, non guardate questo salotto, per favore! 7 Ragazze, non prendete questa strada, per favore! 8 Signor Rossi, non guardi là per favore. 9 Non scendiamo insieme le scale!   10 Sandro, non prendere l'ombrello!

Exercise 36:   1 Sì, certo, vada pure!   2 Sì, certo, stia pure!   3 Sì, certo, faccia pure!   4 Sì, certo, dia pure!   5 Sì, certo, tenga pure! 6 Sì, certo, venga pure!   7 Sì, certo, finisca pure!   8 Sì, certo, pulisca pure!   9 Sì, certo, beva pure!   10 Sì, certo, legga pure!

Exercise 37:   1 Oggi è martedì.   2 È il trentuno gennaio millenovecentonovantuno.   3 Costa sessanta milioni.   4 Costa venticinque milioni.   5 Costano duemila lire.   6 Ha trecentomila abitanti.   7 È finita nel millenovecentoquarantacinque.   8 È nata nel millenovecentotrentadue.   9 Costa quindicimilaseicentosettanta lire. 10 Costa duecentocinquantamila lire.

Exercise 38:   1 Ci sono le docce, i gabinetti, la cucina e la lavanderia. 2 No, hanno la roulotte.   3 No, non hanno prenotato il posto.   4 Sì, c'è un supermercato al campeggio.   5 Sì, devono pagare extra. 6 Costa quarantaduemila lire per persona.

Exercise 39:   1 Devono prenotare la stanza prima di agosto.   2 Non sono andati in Italia nel millenovecentoottantanove.   3 Preferiamo un appartamento al pianterreno.   4 Vogliono comprare una casa in campagna.   5 Possiamo guardare il rustico la settimana prossima? 6 L'appuntamento è per venerdì prossimo alle quindici.   7 L'agenzia immobiliare può fissare una visita al mattino.   8 Vorrei venire, ma oggi devo stare a casa.   9 Mi dispiace, ma vorrei una camera con bagno. 10 Non compri questa casa, è troppo lontano dal centro.

CHAPTER 5

Exercise 40:   1 No, lo prende la signora Fazzini.   2 Lo offre la signora Fazzini.   3 La offre il signor White.   4 Sì, lo prende.   5 Sì, le mangiano.

Exercise 41:   1 Sì, la guardo spesso.   2 Sì, le compro spesso.   3 Sì, li invito spesso.   4 Sì, lo bevo spesso.   5 Sì, lo prendo spesso.   6 Sì, la porto spesso.   7 Sì, le mangio spesso.   8 Sì, li bevo spesso.   9 Sì, li bevo spesso.   10 Sì, la invito [l'invito] spesso.

Exercise 42:   1 Le parlo adesso.   2 Gli parlo adesso.   3 Gli telefono adesso.   4 Le rispondo adesso.   5 Gli scrivo [scrivo loro] adesso. 6 Gli scrivo [scrivo loro] adesso.   7 Gli rispondo [rispondo loro] adesso. 8 Gli telefono adesso.   9 Gli parlo [parlo loro] adesso.   10 Le scrivo adesso.

Exercise 43:   1 Le dà il numero.   2 Non lo sento.   3 Il signor Forti la legge.   4 La signora le prende.   5 Li compriamo qui.   6 Gli offro [offro loro] l'aperitivo.   7 Gli telefono.   8 Le scrivete?   9 Che cosa gli portate?   10 Il signor Rossi non la lascia.

Exercise 44:   1 Beve un caffè corretto.   2 No, beve un caffè.   3 È un posto dove si beve soprattutto il vino.   4 Tony offre da bere.   5 Lo beve Jeff.

Exercise 45: 1 Sì, dovremmo partire ma abbiamo cambiato idea.
2 Sì, dovrei andare ma non ho la macchina.   3 Sì, potrei venire ma più
tardi.   4 Sì, potremmo accompagnarlo in macchina.   5 Sì, vorrei
telefonare ma non ho la moneta.   6 Sì, vorremmo viaggiare ma non da
soli.   7 No, vorrei un cappuccino.   8 No, vorremmo mangiare alle due.
9 No, potrei venire in bicicletta.   10 Sì, dovremmo restare per la cena.

Exercise 46: 1 Sì, lo compri!   2 Sì, la mangi!   3 Sì, le parli!   4 Sì, li
venda!   5 Sì, le prenoti!   6 Sì, la faccia!   7 Sì, la dia!   8 Sì, li porti!
9 Sì, gli telefoni!   10 Sì, lo prenda!

Exercise 47: 1 Sì, compralo! No, non comprarlo!   2 Sì, mangiala!
No, non mangiarla!   3 Sì, parlale ! No, non parlarle!   4 Sì, vendili! No,
non venderli!   5 Sì, prenotale! No, non prenotarle!   6 Sì, falla! No,
non farla!   7 Sì, dalla! No, non darla!   8 Sì, portali! No, non portarli!
9 Sì, telefonagli! No, non telefonargli!   10 Sì, prendilo! No, non
prenderlo!

Exercise 48: 1 può   2 so   3 sai   4 so   5 possiamo   6 sa   7 sa
8 posso   9 possono   10 sa

Exercise 49: 1 Sì, mi piace moltissimo.   2 Sì, mi piacciono
moltissimo.   3 Sì, mi piace moltissimo.   4 Sì, mi piace moltissimo.
5 Sì, mi piacciono moltissimo.   6 No, non mi piacciono.   7 No, non
mi piace.   8 No, non mi piacciono.   9 No, non mi piace.   10 No, non
mi piacciono.

Exercise 50: 1 L'amico di Luigi, perchè è vegetariano.   2 Ci sono
l'insalata, le patate fritte, i finocchi, verdure fresche.   3 No, li prende
solo la signora.   4 No, lo ordina rosso.   5 No, c'è anche trota [pesce].
6 Tre persone la mangiono.

Exercise 51: 1 Non ci piace viaggiare in treno.   2 Le piacciono le
patate fritte?   3 Per favore dia questa chiave alla signora Rossi.
4 Andresti da solo?   5 Maria, non prendere la mia macchina, prendi la
tua.   6 Gli abbiamo dato tutte le informazioni necessarie.   7 Vi posso
offrire qualcosa da bere?   8 Da quanto [tempo] studiate l'italiano?
9 Comprerebbero l'appartamento, ma costa 50 milioni.   10 Siamo
andati a pranzo da Tony.

CHAPTER 6

Exercise 52: 1 La fa dal droghiere.   2 Ne compra più di due etti.
3 Preferisce il reggiano.   4 Ne compra due.   5 Spende trentasettemila
lire.

Exercise 53: 1 Ne vorrei un litro.   2 Ne vorrei un chilo e mezzo.
3 Ne vorrei una sola.   4 Ne vorrei due etti.   5 Ne vorrei due chili.
6 Ne ho una.   7 Ne ho quattro.   8 Non ne ho molte.   9 Ne ho pochi.
10 Non ne ho.

Exercise 54: 1 Sì, li ho invitati. 2 Sì, l'ho visitata. 3 Sì, l'ho visitato. 4 Sì, li ho portati. 5 Sì, le ho mangiate. 6 Sì, l'abbiamo invitata. 7 Sì, l'abbiamo guardato. 8 Sì, le abbiamo comprate. 9 Sì, l'abbiamo presa. 10 Sì, l'abbiamo visto.

Exercise 55: 1 Vuole il quarantasei. 2 Lo preferisce blù. 3 Sono al terzo piano. 4 Porta il quarantatrè. 5 Li compra per gli amici inglesi.

Exercise 56: 1 Sì, glieli porto. 2 Sì, gliela scrivo. 3 Sì, glielo do. 4 Sì, glieli do. 5 Sì, glielo porto. 6 Sì, gliele scrivo. 7 Sì, gliela compro. 8 Sì, glieli compro. 9 Sì, glielo vendo. 10 Sì, gliela vendo.

Exercise 57: 1 Ha portato i panini ai ragazzi? Sì, glieli ho portati. 2 Ha scritto la lettera a Maria? Sì, gliel'ho scritta. 3 Ha dato il conto alla signora? Sì, gliel'ho dato. 4 Ha dato i soldi alla signora? Sì, glieli ho dati. 5 Ha portato il vestito al signor Bianchi? Sì, gliel'ho portato. 6 Ha scritto le lettere a tutti? Sì, gliele ho scritte. 7 Ha comprato la pasta per gli ospiti? Sì, gliel'ho comprata. 8 Ha comprato i grissini per Maria? Sì, glieli ho comprati. 9 Ha venduto l'appartamento a questi signori? Sì, gliel'ho venduto. 10 Ha venduto la casa a questi signori? Sì, gliel'ho venduta.

Exercise 58: 1 Me l'ha consigliato un'amica. 2 Me l'ha dato il poliziotto. 3 Me l'ha portata il facchino. 4 Me l'ha riparato l'orologiaio. 5 Me li ha mandati un amico. 6 Ce l'ha portato il cameriere. 7 Ce le ha vendute la commessa. 8 Ce li ha comprati nostra figlia. 9 Ce l'ha prenotato l'agenzia. 10 Ce l'ha data l'impiegata.

Exercise 59: 1 Sì, me lo porti pure. 2 Sì, me li mandi pure. 3 Sì, me le regali pure. 4 Sì, me la scriva pure. 5 Sì, me lo prenoti pure. 6 Sì, preparamela pure! 7 Sì, mandamele pure! 8 Sì, comprameli pure! 9 Sì, scrivimelo pure! 10 Sì, prendimela pure!

Exercise 60: 1 Il reparto calzature è al decimo piano. 2 Questo è il sesto capitolo. 3 Il primo maggio è una festa nazionale in Italia. 4 Viviamo nel ventesimo secolo. 5 Prenda la quarta via alla Sua sinistra.

Exercise 61: 1 L'ha messa dentro il Bancomat. 2 C'è scritto che ha aspettato troppo. 3 Sì, è chiusa. 4 No, non li ha persi. 5 Perchè non è riuscito a ritirare i soldi dal Bancomat.

Exercise 62: Ieri Tony e Luisa *sono andati* alla Rinascente per comprare due regali: uno per la madre di Tony e l'altro per quella di Luisa. Luisa *è andata* al pianterreno, al reparto accessori, e *ha comprato* una borsetta di pelle. Tony *è andato* a dare un'occhiata al reparto casalinghi al sesto piano. *Ha guardato* i servizi da tè e da caffè, ma non li *ha comprati*.

Alle quattro Tony e Luisa *sono andati* a prendere il tè a un bar in Piazza del Duomo e Luisa gli *ha fatto* vedere la borsetta. Dopo due ore *hanno deciso* di tornare alla Rinascente perchè Luisa *ha visto* che la cerniera della borsetta è rotta. *L'ha portata* indietro all'Ufficio Reclami e *ha chiesto* un rimborso dei soldi o un'altra borsetta. L'impiegato le *ha domandato* la ricevuta e dopo molte difficoltà le *ha dato* una borsetta nuova. Tony nel frattempo *ha guardato* dappertutto, ma non *ha trovato* niente per la madre di Luisa.

Questo non *è stato* un pomeriggio molto fortunato per i due giovani!

CHAPTER 7

Exercise 63: 1 Perchè ha mal di stomaco. 2 Sì, si preoccupa molto. 3 La deve prendere tre volte al giorno. 4 Deve tornare tra una settimana. 5 No, ha una forma leggera di gastroenterite.

Exercise 64: 1 Mi alzo alle otto. 2 Mi corico alle undici. 3 Mi lavo tutte le mattine. 4 Mi stanco a lavorare troppo. 5 Non mi arrabbio mai. 6 Mi annoio a far la coda. 7 Mi diverto in vacanza. 8 Mi sveglio alle sette e mezzo. 9 Mi riposo dopo pranzo. 10 Mi perdo se non ho la cartina.

Exercise 65: 1 Quando cado mi faccio male. 2 Quando sono andati a letto si sono addormentati. 3 Ieri è andata dal dottore perchè si è sentita male. 4 Maria è stata a letto quando si è ammalata. 5 Abbiamo fatto il bagno, poi ci siamo asciugati. 6 Non ti ho telefonato perchè mi sono dimenticato/a. 7 Maria e Giovanni sono andati in chiesa e si sono sposati. 8 Non prendo più le medicine perchè mi sento bene. 9 Quando sono sporchi si lavano. 10 Se scrivo la lista della spesa, mi ricordo.

Exercise 66: 1 Perchè c'è stato un incidente. 2 È stato investito da un motorino. 3 Perchè si è messo a correre per prendere l'autobus. 4 L'hanno portato al Pronto Soccorso. 5 Peter era alla fermata dell'autobus.

Exercise 67: 1 Sì, fumavo quando ero piccolo. 2 Sì, facevo molti sport quando ero a scuola. 3 Sì, viaggiavo molto quando abitavo in Italia. 4 Sì, andavo sempre in macchina quando lavoravo in centro. 5 Sì, sentivo molto i rumori quando dormivo al pianterreno. 6 Sì, facevamo molte gite quando eravamo in montagna. 7 Sì, andavamo fuori spesso quando abitavamo a Milano. 8 Sì, fumavamo quando avevamo diciotto anni. 9 Sì, mangiavamo solo verdura quando vivevamo in Inghilterra. 10 Sì, compravamo sempre il giornale quando lavoravamo in Italia.

Exercise 68: 1 Perchè ero malato. 2 Perchè ero indisposto.

3 Perchè ero arrabbiato. 4 Perchè ero troppo stanco. 5 Perchè ero distratto. 6 Perchè eravamo senza soldi. 7 Perchè eravamo malati. 8 Perchè eravamo stanchi. 9 Perchè eravamo in ritardo. 10 Perchè eravamo molto preoccupati.

Exercise 69: 1 Una volta viaggiavate molto. 2 Una volta ci preoccupavamo molto. 3 Una volta viaggiavano molto. 4 Una volta scrivevi molto. 5 Una volta lavorava molto. 6 Una volta mi divertivo molto. 7 Una volta uscivamo molto. 8 Una volta fumavo molto. 9 Una volta leggevi molto. 10 Una volta parlavano molto.

Exercise 70: 1 Ieri ho preso l'autobus perchè ero stanca. 2 Non ho guardato la televisione perchè non funzionava. 3 Quando ero a Firenze sono andata agli Uffizi. 4 Siamo andati dal dottore perchè avevamo la febbre. 5 Il dottore ti ha visitata in casa quando eri a letto malata. 6 Mi sono alzata alle dieci perchè era festa. 7 Mentre leggevo il giornale è entrato il mio ospite. 8 Mentre scrivevo la lettera i bambini hanno mangiato tutti i cioccolatini. 9 Sandra aveva mal di testa e non è andata a lavorare. 10 Mentre camminavo lungo la strada ho visto un incidente.

Exercise 71: 1 Perchè ha preso una scottatura al viso. 2 Gli prescrive una pomata. 3 Non solo sul viso ma anche sulla schiena e sulle gambe. 4 Finchè l'arrossamento non è passato. 5 Se si spella deve mettere un'altra pomata protettiva.

Exercise 72:
– Ho mal di schiena.
– Da due giorni.
– Sì, mi fa molto male. È una cosa seria?
– Che cos'è uno strappo muscolare? Cosa devo fare?
– Può darmi qualcosa per dormire?
– Grazie dottore!

Exercise 73: 1 aveva risposto 2 erano andati 3 eravate stati 4 aveva scritto 5 non aveva mai rotto 6 si era fatto male 7 era successo 8 avevo messo 9 aveva chiuso 10 ci eravamo già seduti

CHAPTER 8

Exercise 74: 1 No, secondo lei, Domingo ha una voce più calda ed espressiva. 2 Perchè, secondo lui, Pavarotti è il miglior tenore del mondo. 3 Tecnicamente, Pavarotti canta meglio. 4 Sì, le è piaciuto. 5 No, non si interessa di sport. 6 Fa il tifo per l'Inter.

Exercise 75: 1 Ci sono più di trentamila spettatori all'Arena. 2 Secondo me, Roma è più grande di Milano. 3 Giovanni è più studioso che intelligente. 4 Ci sono più teatri a Roma che a Torino. 5 Conosco più attori italiani che stranieri. 6 Sua figlia è più alta di lei.

7 Fa più caldo in Italia che in Inghilterra.   8 Parla più piano di me.
9 Luisa mangia più di tutti.   10 L'Aida mi piace più di Rigoletto.

Exercise 76:   1 Questo è il peggior vino del mondo!   2 Siamo bravi
come voi in italiano.   3 C'erano più di ventimila spettatori.   4 Maria
Callas era una cantante famosissima [molto famosa].   5 San Paolo non
è grande come San Pietro.   6 Giovanni beve più vino che acqua.   7 Mi
sento meglio adesso.   8 Questi programmi sono noiosissimi [molto
noiosi].   9 Non abbiamo comprato tanti regali quanto [quanti] voi.
10 Mia sorella minore vive a Milano.

Exercise 77:   1 Vuole vedere la mostra.   2 Perchè vuole andare alla
Chiesa del Carmine.   3 Si trovano davanti all'Accademia.   4 Hanno
comprato dei regali per i loro amici.   5 Vanno in una trattoria.

Exercise 78:   1 hanno deciso di   2 Cominciamo a   3 Spera di
4 Non mi piace   5 Le piace   6 Preferisce   7 devono   8 Ho finito di
9 Credono [Pensano] di   10 Andiamo a

Exercise 79:

Caro Signor Rossi,

La ringrazio del Suo invito a teatro per martedì prossimo. Mi
dispiace, ma purtroppo non posso venire. Vado a Firenze martedì e non
posso tornare fino a mercoledì.

La prego di accettare le mie scuse, ma devo andare per affari e non
posso rifiutare.

Distinti saluti,

Exercise 80:   1 Io ho freddo.   2 Hanno fame.   3 Io gli do ragione!
4 ma Maria gli dà torto.   5 Tutti hanno caldo.   6 Abbiamo sete.
7 ma io non sono d'accordo.   8 perchè ho paura.   9 Hanno fretta.   10
Silvia ha torto.

Exercise 81:   1 Sì, l'abbiamo fatta.   2 Sì, ne ho fatte molte.   3 Sì, fa
brutto tempo.   4 Sì, me lo fa ripetere.   5 Sì, gliela faccio vedere.
6 Sì, la facciamo in albergo.   7 Sì, me la faccio costruire.   8 Sì, ci fa
fare molto lavoro.   9 Sì, ce la faccio.   10 Sì, abbiamo fatto fatica.

Exercise 82:   1 Abbiamo deciso di andare alla mostra.   2 Secondo
me, questo è il peggior film di Fellini.   3 Non si sono accorti che ero
stanchissima.   4 Qual è il più grande teatro del mondo?   5 Non mi
piace la musica tanto quanto [come] a te.   6 Gli alberghi sono più cari
in agosto che in giugno.   7 Ci troviamo tra tre ore?   8 Mi dispiace
molto di essere in ritardo.   9 Si è divertita/o con i suoi amici ieri?
10 È riuscito/a a trovare i biglietti?

CHAPTER 9

Exercise 83: 1 Gestisce un bar.   2 È quella che parla con Tina e
Mario.   3 Marco è un esperto di elettronica.   4 Lavora per una
compagnia che fabbrica computer.   5 No, è Maria che fa l'avvocato.

Exercise 84: 1 che   2 cui   3 cui   4 quello che   5 Quelli che
6 che   7 quello che   8 la quale   9 cui   10 Chi

Exercise 85: 1 Dà del tu ai giovani della sua età e ai parenti.
2 Perchè la conosce da quand'era bambina.   3 Alla cameriera della
mensa.   4 Alle persone decisamente più vecchie di lui.   5 No, gli dà
del tu.

Exercise 86: 1 Dammi quell'indirizzo!   2 Fammi vedere l'ufficio!
3 Dicci la verità!   4 Valla a trovare domani!   5 Dammi del tu!
6 Stacci un po' di più.   7 Falle il biglietto!   8 Dimmi chi è!   9 Fagli
una fotografia!   10 Dammi la mano!

Exercise 87: 1 No, è un partito di centro.   2 No, è democristiana.
3 Perchè prendono uno stipendio basso [di un milione al mese].
4 Sì, sta salendo.   5 Stanno parlando di politica.

Exercise 88: 1 guardando   2 Studiando   3 Leggendo   4 mettendo
5 venendo   6 vendendo   7 arrivando   8 discutendo   9 Facendo
10 dicendo

Exercise 89: 1 stanno per   2 sta per   3 stanno per   4 sta per
5 stanno per   6 sta per   7 stanno per   8 stanno per   9 sta per
10 stanno per

Exercise 90:
Italy has been a republic since 1946, when there was a referendum to
decide whether to keep the monarchy. The monarchy lost and the Royal
Family, the House of Savoy, went into exile.

The constitution, approved in 1948, decrees that the President is Head
of State but not Head of the Government: he is elected by Parliament,
not by the people.

The Head of State is the President of the Chamber of Deputies, who,
together with the Ministers, forms the Government. This government
must have the approval of both Houses.

Parliament consists of the Chamber of Deputies with 630 members and
the Senate with 315. The Chamber of Deputies and the Senate are
elected for five years, the President of the Republic for seven years.

Italians have the vote at the age of 18 for the parliamentary elections, but
for the Senate the minimum voting age is 25.

The Italian political parties include, on the left: the Democratic Party of the Left (PDS), the Socialist Party (PSI), The Socialist Democratic Party (PSDI), the Green Party, the Radical Party, the Republican Party (PRI). In the centre there is the Christian Democratic Party (DC) and on the right the Liberal Party (PLI), the Monarchist Party, the Italian Social Movement Party (MSI). There are also a few smaller, regional parties.

Exercise 91: 1 No, è una repubblica dal 1946. 2 No, è Capo dello Stato. 3 Ci sono 630 deputati. 4 Votano a diciotto anni per la Camera e a venticinque per il Senato. 5 No, è un partito di [estrema] destra.

Exercise 92: 1 Dammi le valigie, il treno sta per arrivare. 2 Non sapendo niente, non ho parlato. 3 Non avendo un passaporto, non posso partire. 4 Non può venire adesso perchè sta mangiando. 5 Dimmi chi è! 6 Vacci subito! 7 Non scelgo mai il posto vicino al finestrino. 8 Fa così caldo oggi, sto per svenire. 9 Non posso invitarli, stanno per uscire. 10 Non conoscevo la gente con cui stava.

CHAPTER 10

Exercise 93: 1 Vanno in gita in montagna. 2 Sì, dovranno camminare per circa due ore. 3 Arriveranno verso le undici. 4 Fa l'infermiera. 5 Silvana lavora a Milano e Jeff e Tony lavorano a Londra.

Exercise 94: 1 Primo o poi verrò. 2 Prima o poi pagherò. 3 Prima o poi ballerò. 4 Prima o poi andrò. 5 Prima o poi giocherò. 6 Prima o poi sceglierò. 7 Prima o poi finirò. 8 Prima o poi ordinerò. 9 Prima o poi ritornerò. 10 Prima o poi studierò.

Exercise 95: 1 Magari verranno a piedi. 2 Magari dormiremo in tenda. 3 Magari porterete voi qualcosa da mangiare. 4 Magari usciremo più tardi. 5 Magari farà più bella figura. 6 Magari non gli daranno la mancia. 7 Magari ci aspetteranno all'altra fermata. 8 Magari canterò un'altra aria. 9 Magari pagherai tutto insieme. 10 Magari gestirà lui il ristorante.

Exercise 96: 1 Tony lavora in ospedale da tre anni, ma Jeff da due. 2 Fa quattro o cinque turni alla settimana. 3 Perchè non hanno sempre gli stessi turni. 4 Sì, le piace. 5 Gli piace far collezione di francobolli.

Exercise 97: 1 di 2 da 3 di 4 da 5 di 6 alla 7 al 8 alle 9 da 10 a, dalla

Exercise 98: 1 Li ha presi in prestito da Gianni. 2 Li danno a nolo in un negozio di fianco alla Posta. 3 Piove. 4 Si fermeranno al ristorante sopra alla funivia. 5 Si trovano di fronte a casa di Luisa.

Exercise 99: 1 Scriverai davvero a lui? 2 Guardo lui non lei. 3 Parla a noi, ma non a nessun altro. 4 Siete sicuri che scriverà a voi? 5 C'è molta gente prima di lui. 6 Manderai solo un regalo a lei?

7 Parlano sempre di loro.   8 Fa tutto da sè.   9 Andiamo a cavallo con loro.   10 Invitano proprio me?

Exercise 100:   1 Vi scriveremo presto.   2 Ci conosciamo da tre anni.
3 Hanno comprato una cravatta di seta per il loro padre.   4 Faccio l'infermiere/a a Firenze.   5 Hai molto da fare?   6 Voglio vedere te, non la tua ragazza!   7 Comincerò a studiare la settimana prossima.   8 Sono andati a cena da Maria.   9 Beata/o Lei!   10 L'ospedale è di fronte alla banca.

Italian–English vocabulary

a to, at
abbastanza quite, enough
abitare to live
accessori, *m pl* accessories
accettare to accept
accomodarsi make oneself comfortable
accordo *m* agreement
accórgersene to notice
accórgersi to realise
acqua *f* water
addormentarsi to fall asleep
adesso now
aéreo *m* aeroplane
aeroporto *m* airport
affari *m pl* business
affettuoso affectionate, loving
affittare to let, to rent
affitto *m* rent
affollato crowded
aglio *m* garlic
agnello *m* lamb
agosto *m* August
aiutare to help
aiuto *m* help
albergo *m* hotel
alcuni/e *pl* some, any
al di sotto below
allegro cheerful
allora then
almeno at least
alto high, tall
altrimenti otherwise
alzarsi to get up
ambulanza *f* ambulance
ambulatorio *m* surgery
ammalarsi to fall ill
ammalato ill, sick
ammobiliato furnished
analcólico non-alcoholic
anche also, too, as well
ancora still, again, yet
andare to go
andare a trovare to pay a visit
animale *m* animal
anno *m* year

annoiarsi to get bored
antipasto *m* hors d'oeuvre
antipasto misto *m* hors d'oeuvre of cold meats
anziano old
aperitivo *m* aperitif
aperto open
appartamento *m* flat
appassionato fond
approvare to approve
appuntamento *m* appointment
appunto precisely
aprile *m* April
aprire to open
arancia *f* orange
arrabbiarsi to get angry
arrabbiato angry
arrivare to arrive
arrivederci bye-bye
arrivederLa goodbye
arrossamento *m* reddening
arrosto *m* roast
artícolo *m* article
artista *m & f* artist
artístico artistic
asciugarsi to get dry
ascoltare to listen
aspettare to wait for
aspirapólvere *m* vacuum cleaner
assaggiare to taste
assegno *m* cheque
assenza *f* absence
atténdere to wait
attento careful
áttimo *m* minute, moment
attore *m* actor
attraversare to cross
attrice *f* actress
attualità *f* current affairs
aumento *m* increase
áutobus *m* bus
automóbile *f* car
autostrada *f* motorway
avér caldo to be hot
avere to have

avér fame to be hungry
avér freddo to be cold
avér fretta to be in a hurry
avér male di ... to have a pain in ...
avér paura to be afraid
avér ragione to be right
avér sete to be thirsty
avér torto to be wrong
avér voglia to feel like, to want
avvisare to warn
avvocato *m* lawyer

bagno *m* bathroom
balcone *m* balcony
bambino *m* child
barba *f* beard
basso low
basta it is enough
beato! lucky! [blessed]
bello beautiful
bene well
benvenuto welcome
benzina *f* petrol
bere to drink
biancheria *f* linen
bianco white
bíbita *f* [soft] drink
biblioteca *f* library
bicchiere *m* glass
bicicletta *f* bicycle
biglietto *m* ticket
bistecca *f* steak
blù blue
blusa *f* blouse
borsa *f* bag
Borsa *f* Stock Exchange
borsetta *f* handbag
braccio *m* arm
braciola *f* chop
bravo good, clever
brutto ugly, bad
búfala *f* buffalo
buonanotte good night
buonasera good evening
buongiorno good morning
buono *m* voucher
buono good

cadere to fall
caffè *m* coffee

caffè corretto *m* coffee with a dash
of spirit
calcio *m* football
caldo hot, warm
calzature *f pl* footwear
cambiare to change
cámera *f* room
Cámera *f* Chamber
cámera da letto *m* bedroom
cameriere/a waiter/waitress
camicia *f* shirt
camminare to walk
camminata *f* walk
campagna *f* country
campeggio *m* camp site
cantante *m & f* singer
cantare to sing
canzone *f* song
capire to understand
capítolo *m* chapter
capo *m* head, boss
Capo dello Stato *m* Head of State
caraffa *f* caraffe
carne *f* meat
caro dear, expensive
carta *f* map, paper
carta di crédito *f* credit card
cartina *f* map
cartolina *f* postcard
casa *f* home, house
casetta *f* small house, cottage
cassetta delle léttere *f* letter box
cassiere/a cashier
catálogo *m* catalogue
cattivo bad
cavallo *m* horse
cena *f* dinner, supper
cenare to dine
cento hundred
centro *m* centre
cercare to look for
cerniera *f* zip
certo sure, certainly
che that, what, who, whom
che cosa what
chi who?, the one/ones who
chiamare to call
chiamarsi to call oneself, to be called
chiave *f* key
chiédere to ask

chiesa *f* church
chilo *m* kilo
chilómetro *m* kilometre
chiúdere to close
chiuso closed
ciao hello, goodbye
cínema *m* cinema
cinquanta fifty
cinque five
cioccolatini *m pl* chocolates
cioccolato *m* chocolate
ciò che what, that which
cioè that is (i.e.)
circa about, approximately
città *f* city, town
ci vuole it takes
coalizione *f* coalition
coda *f* queue
códice segreto *m* PIN number
cógliere to pick
cognome *m* surname
coincidenza *f* coincidence
colazione *f* breakfast
collezione *f* collection
colore *m* colour
colpa *f* fault
come how, like
come mai? how come?, why?
come no yes, certainly (and how)
commesso/a shop assistant
cómodo comfortable
compagna *f* companion, partner
compagnia *f* company
compagno/a companion, mate, partner
cómpere *f pl* shopping, purchase
cómpito *m* homework
comprare to buy
comune common
comunista communist
con with
conóscere to know
consigliare to advise
consístere to consist
contento happy
conto *m* bill
contorno *m* side dish
contratto *m* contract
coricarsi to lie down
córrere to run

corridoio *m* corridor
corso *m* road, high street
cosa what?, thing
così so
costare to cost
costo *m* cost
costruire to build
cotoletta *f* veal cutlet
cotoletta alla milanese *f* veal cutlet coated in breadcrumbs
cotone *m* cotton
cotto cooked
cravatta *f* tie
crédere to think
crema *f* cream
criticare to criticise
cucina *f* kitchen
cucinare to cook
cui whom, which
cuócere to cook
cúpola *f* dome
curare to cure

da from, by
dappertutto everywhere
dare to give
dare del tu/del Lei to use **tu/Lei**
dare la mano to shake hands
da solo alone
data *f* date
davanti a in front of
davvero really
decídere to decide
decisamente definitely
dedicarsi to devote oneself
delicato delicate
democrático democratic
dentista *f & m* dentist
dentro inside
deputato *m* Member of Parliament
destra right
desiderare to wish
di of
dicembre *m* December
diciannove nineteen
di dove? where from?
dieci ten
dieta *f* diet
dietro a behind
differenza *f* difference

difficile difficult
difficoltà f difficulty
di fronte a opposite
digitare to punch
dimenticarsi to forget
dipéndere to depend
di più more
di preciso exactly
dire to say
direttore m director, manager
direttrice f director, manager
diritto straight
disastro m disaster
discútere to discuss
di sólito usually
dispiacere to be sorry
distanza f distance
distinto distinguished
distratto absent-minded, distracted
disturbare to bother
disturbo m bother
dito m finger, toe
ditta f firm
di turno on duty
diventare to become
diversi pl several
diverso different
divertirsi to enjoy oneself
divisa f uniform
doccia f shower
documento m document
dódici twelve
domandare to ask
domani tomorrow
doménica f Sunday
dopo after, later, then
doppio double
dormire to sleep
dottore m doctor
dottoressa f doctor
dove where
dovere to have to, must
droghiere/a grocer
due two
dunque so, then
duomo m cathedral
durare to last
durata f duration
duro hard

e and
eccetto except
ecco here is, here it is
eléggere to elect
elettrónica f electronics
elezioni f pl elections
ente m body, organisation, board
entrare in vigore to become law
esaminare to examine
esilio m exile
esperto/a expert
esporsi al sole to sunbathe
espressivo intense, with feeling
éssere to be
éssere abituato a to be used to
éssere nato to be born
est m east
estate f summer
età f age
etto m 100 grammes
evitare to avoid
extra extra

fabbricare to manufacture
facchino m porter
fácile easy
facilmente easily
fame f hunger
famiglia f family
famoso famous
fantástico great
far bella figura to look well
fárcela to manage, to cope
far conoscenza to get acquainted
fare to do, to make
farmacía f pharmacy, chemist's
farmacista m & f chemist
far male to hurt
far vedere to show
fatica f effort
febbraio m February
febbre f temperature, fever
fermarsi to stop, to stay
fermata f stop
ferroviere m railman
festa f feast (day), party
figlio m son, child
figura f figure
figúrati you are welcome (fam.)
finalmente at last

finchè ... non until
finestra f window
finire to finish
fino a as far as
finocchio m fennel
Firenze f Florence
fissare to arrange
foglio m sheet of paper
forma f form, shape
formare to form
forno m oven
forse perhaps
fortunato lucky
francobollo m stamp
fratello m brother
freddo m cold
fresco fresh
fretta f hurry
frizzante fizzy
frutta f fruit
fruttivéndolo/a greengrocer
fumare to smoke
funivía f cable car
funzionare to work, function
fuori outside

gabinetto m lavatory, toilet
galleria f gallery
gamba f leg
garage m garage
gastroenterite f gastroenteritis
gelato m ice cream
gelato frozen
generale general
genio m genius
genitori m pl parents
gennaio m January
Génova f Genoa
gente f sing people
gentile kind
gestire to run (a business)
già already
giardino m garden
ginocchio m knee
giocare to play (a game)
giornalaio/a newsagent
giornale m newspaper
giorno m day
gióvane young
giovedì m Thursday

gita f trip
giugno m June
giusto correct
gnocchi m pl potato dumplings
gnocchi alla romana m pl semolina dumplings
governo m government
grado m degree
grande big
grata f shutter
gratis free
grazie thank you
griglia f grill
grissino m breadstick
guardare to see
guida f guide, guide book
guidare to drive

hobby m hobby

idea f idea
ieri yesterday
ignorare to ignore
il m the
il quale who, whom, which, that
imbucare to post
imparare to learn
impegnato busy, engaged
impiegato/a clerk
importante important
impostare to post
in in
incidente m accident
in cima a on top of
incontrarsi to meet
indietro back
indirizzo m address
indisposto indisposed, unwell
infermiere/a nurse
inflazione f inflation
in fondo a at the end of
informazione f information
Inghilterra f England
inglese m & f English
in orario on time
in pensione retired
inquilino/a tenant
in ritardo late, delayed
insalata f salad
insegnante m & f teacher

insieme a   together with
insistere   to insist
insuperábile   unmatched, outstanding
intelligente   intelligent, clever
inténdere   to understand
interessarsi   to be interested
interno *m*   inside
interrómpere   to interrupt
in tutto   altogether
invece   instead
inverno *m*   winter
investire   to run over
invitare   to invite
invito *m*   invitation
istituto *m*   institute, faculty
Italia *f*   Italy
italiano/a   Italian

la *f*   the
labbro *m*   lip
laburista   labour
lana *f*   wool
lasagne *f pl*   lasagne
lasciare   to leave
laterale   on the side
lavandería *f*   wash house,
   launderette
lavapiatti *f*   dishwasher
lavarsi   to wash oneself
lavatrice *f*   washing machine
lavorare   to work
lavoro *m*   work
leggero   light, mild
legno *m*   wood
lei   She
Lei   you *(formal)*
léttera *f*   letter
lettino *m*   couch
letto *m*   bed
lezione *f*   lesson
lì   there
liberale   liberal
líbero   free
lingua *f*   language
lírica *f*   operatic music
lista *f*   list
Londra *f*   London
lontano da   far from
luce   light
luglio *m*   July

lunedì *m*   Monday
ma   but
madre *f*   mother
magari   perhaps
maglione *m*   sweater
maiale *m*   pig, pork
mácchina *f*   car, machine
maggio *m*   May
maggiore   greater, greatest
magnífico   magnificent
malattía *f*   illness, disease
male   badly
mamma *f*   mum, mummy
mancia *f*   tip
mandare   to send
mangiare   to eat
mano *f*   hand
mantenere   to keep
manzo *m*   beef
mare *m*   sea
marito *m*   husband
martedì *m*   Tuesday
marzo *m*   March
matita *f*   pencil
mattino *m*   morning
media *f*   average
medicina *f*   medicine
médico *m*   (medical) doctor
meglio   better *(adv)*
membro *m*   member
meno   less, least
meno male   thank goodness
mensa *f*   refectory, canteen
mercato *m*   market
mercoledì *m*   Wednesday
mese *m*   month
metropolitana *f*   underground
méttere   to put
mezzanotte *f*   midnight
mezzo   half, means
mezzogiorno *m*   midday
mi dispiace   I am sorry
migliore   better, best
Milano *f*   Milan
milione *m*   million
mille   thousand
mille grazie   many thanks
minerale   mineral
minestra *f*   soup
mínimo   minimum

minore smaller/est, younger/est
minuto *m* minute
mio my, mine
mi pare I think
mi piace I like
mi raccomando! mind!
misura *f* size
móbili *m pl* furniture
moderno modern
moglie *f* wife
molto very, much
molto lieto pleased (to meet you)
momento *m* moment
monarchía *f* monarchy
mondo *m* world
montagna *f* mountain
monte *m* mount, mountain
morire to die
morto dead
mosso rough (sea)
mostra *f* exhibition
motocicletta *f* motorbike
motorino *m* scooter
mucca *f* cow
muscolare muscular
música *f* music

Nápoli *f* Naples
nato born
nazionale national
neanche neither, not even
necessario necessary
negozio *m* shop
nel frattempo in the meantime
nessuno/a nobody
niente nothing
no no
noioso boring
noleggiare to hire
noleggio, nolo *m* hire
non not
non vedér l'ora di to look forward to
nome *m* name
nord *m* north
notizie *f pl* news
notte *f* night
novanta ninety
nove nine
novembre *m* November
número *m* number

nuotare to swim
nuovo new

obbligatorio compulsory
occasione *f* opportunity
occhiali *m pl* spectacles
occhiata *f* look
occupato busy
occupazione *f* occupation
offrire to offer
oggi today
ogni every
olio *m* oil
oliva *f* olive
ópera *f* opera
ora *f* hour
orario *m* timetable
ordinare to order
orecchio *m* ear
orologiaio/a watchmaker
ospedale *m* hospital
óspite *m & f* guest
ostería *f* pub
ottanta eighty
otto eight
ottobre *m* October
ovest *m* west

padre *m* father
padrona [di casa] *f* landlady
padrone [di casa] *m* landlord
pane *m* bread
panino *m* bread roll, sandwich
pantófole *f pl* slippers
Papa *m* Pope
papà *m* dad
parente *m & f* relative
parlamentare parliamentary
Parlamento *m* Parliament
parlare to speak
parmigiano *m* parmesan
partire to leave
partita *f* match
partito *m* (political) party
passaporto *m* passport
passare to pass
passatempo *m* pastime
passeggero *m* passenger
passeggiata *f* walk
passione *f* passion, interest

pastina f little cake
pasto m meal
patata f potato
patate fritte f pl chips
paura f fear
Pavía f Pavia
paziente patient
pazzo mad
peggio worse *(adv)*
peggiore worse/worst
pelle f leather
pensare to think
pensionante m & f paying guest
pensionato/a retired
pensione completa f full board
per for
per cento per cent
perchè why, because
pérdere to lose
pérdersi to get lost
per esempio for example
per favore/per piacere please
periferìa f suburbs
perméttere to allow
personale personal
per terra on the floor/ground
pesce m fish
péssimo very bad
pezzo m piece
piacere how do you do
piacévole pleasant
piángere to weep, to cry
pianista m & f pianist
piano m floor
piano slowly
piano, pianoforte m piano
pianterreno m ground floor
piantina f map
piatto m dish
piazza f square
píccolo small
piedi m pl feet
pieno full
piscina f swimming pool
poco little
poi then
Policlínico m General Hospital
Politécnico m polytechnic
política f politics
pomata f ointment

pomeriggio m afternoon
pomodoro m tomato
pópolo m people
porta f door
portare to carry, to wear
portare di ritorno/indietro to take back
portavoce m & f spokesperson
portinaio/a doorkeeper
possíbile possible
posta f mail/ post office
posto m seat, place
potere to be able
póvero poor
pranzo m lunch
preciso precise
preferire to prefer
preferito favourite
pregare to pray, to beg
prego you are welcome, please
prémere to press
préndere to take
préndere in préstito to borrow
prenotare to book
preoccuparsi to worry
preparare to prepare
prescrívere to prescribe
presentare to introduce
presidente m president, chairperson
Presidente del Consiglio Prime Minister
prestare to lend
préstito m loan
presto early
presuntuoso conceited
Pretura f Police Headquarters
prezzo m price
prima colazione f breakfast
prima di before
primo first
primo piatto m first course
probabilmente probably
programma m programme
pronto soccorso m casualty
proprietario/a owner
proprio really, quite
prosciutto m ham
próssimo next
protettivo protective
pulire to clean

purtroppo unfortunately
quanto how, how much
qualche some
qualcosa something
qual(e) what, which
qualsíasi whatever, any
qualunque whatever, any
quando when
quaranta forty
quarto fourth
quattórdici fourteen
quattro four
questione *f* matter, question
questo this
qui here
quíndici fifteen
quotidiano daily

rádersi to shave
radio *f* radio
ragazza *f* girl, girlfriend
ragazzo *m* boy, boyfriend
ragione *f* right, reason
recitare to act
reclami *m pl* complaints
referendum *m* referendum
regalare to give (as a present)
regalo *m* present
regata *f* regatta
regionale regional
regione *f* region
regnante ruling
reparto *m* department
repúbblica *f* republic
repubblicano republican
restare to stay, to remain
restaurare to restore
ricetta *f* prescription
ricévere to receive
ricevuta *f* receipt
riconóscere to recognise
ricordarsi to remember
ricotta *f* cream cheese
rifiutare to refuse
riga *f* stripe, line
rilassarsi to relax
rimanere to stay
rimborso *m* refund
rimodernare to modernise
riparare to mend

riposarsi to rest
riservare to book
risparmiare to save
rispóndere to reply
ristorante *m* restaurant
ritardo *m* delay
riuscire to succeed
rivedere to see again
rivista *f* magazine
roba *f* belongings, things
rómpere to break
rosso red
roulotte *f* caravan
rumore *m* noise
russo Russian
rústico *m* farmhouse

sábato *m* Saturday
salotto *m* lounge, drawing room
sala da pranzo *m* dining room
salame *m* salami
salire to climb, to go up
salutare to greet
salute *f* health, cheers!
sapere to know how
sbagliato wrong
scarpe *f pl* shoes
scarponi *m pl* boots
scátola *f* box
scégliere to choose
scéndere to go down, to descend
scelta *f* choice
schermo *m* screen
schiena *f* back
sci *m pl* skis
sciare to ski
sciógliere to dissolve
sciópero *m* strike
scompartimento *m* compartment
scottatura *f* burn
scrivanía *f* desk
scrívere to write
scuola *f* school
scuola elementare *f* elementary school
scuola media *f* middle school
scusa *f* excuse
scusare to excuse, to forgive
se if, whether
secco dry

sécolo *m* century
secondo according to, in the opinion of
secondo second
sedersi to sit down
sédici sixteen
segretario/a secretary
segreto secret
seguire to follow
sei six
semáforo *m* traffic lights
sempre always
Senato *m* Senate
senatore *m* senator
senso *m* way, sense
sentire to hear
sentirsi to feel
serio serious
servire to serve
servizi *m pl* facilities
servizio *m* set
sessanta sixty
sesto sixth
seta *f* silk
sete *f* thirst
settanta seventy
sette seven
settembre *m* September
settimana *f* week
sgabuzzino *m* closet
sgonfio flat (tyre)
si one, oneself, him/herself, themselves
sì yes
sicuro sure
sì e no hardly
signora *f* Mrs, madam
signore *m* Mr, sir
signorina *f* Miss, young lady
simpático likeable
sincero sincere
sindacato *m* trade union
síngolo single
sinistra left
sistema *m* system
socialista socialist
soggiorno *m* stay, living room
soldi *m pl* money
sole *m* sun
solo only

soprattutto mainly
sorella *f* sister
sotto below, under
spaghetti *m pl* spaghetti
Spagna *f* Spain
spazioso roomy
specialità *f* speciality
specialmente specially
spellarsi to peel
spéndere to spend
spesa *f* shopping
spesso often
spettácolo *m* show, spectacle
spettatore *m* spectator
spiegare to explain
sporcarsi to get dirty
sporco dirty
sportello *m* (train) door
sposarsi to get married
stabilire to establish, to dictate
stadio *m* stadium
stamattina this morning
stancarsi to get tired
stanco tired
stanza *f* room
stazione *f* station
stesso the same
stómaco *m* stomach
storia *f* story, history
stórico historical
strada *f* road
straniero/a foreign, foreigner
strappo *m* sprain
studente *m* student
studiare to study
studioso studious
stúpido stupid
su on
súbito immediately
succédere to happen
sud *m* south
suo his/hers, yours (form.)
suócera *f* mother-in-law
suonare to play (an instrument), to ring
supermercato *m* supermarket
svago *m* pastime
svegliarsi to wake up
svéndita *f* sale
svestirsi to undress

tabaccaio *m* tobacconist
tanto ... quanto as ... as
tardi late
tartina *f* canapé
tassa di soggiorno *f* tourist tax
taxi *m* taxi
teatro *m* theatre
telefonare to phone
teléfono *m* telephone
telegramma *m* telegramme
televisione *f* television
tenda *f* tent
tenere to keep, to hold
tenore *m* tenor
terrazzo *m* terrace
tesi *f* thesis
testa *f* head
tifo *m* (fare il tifo per) to support
tifoso *m* fan, supporter
tinello *m* breakfast room
tocca a me it is my turn
tornare to go/come back, to return
torto *m* wrong
tra among, between
trágico tragic
trasporto *m* transport
tre three
trédici thirteen
treno *m* train
trenta thirty
troppo too, too much
trota *f* trout
trovare to find
trovarsi to meet
turno *m* duty

un, una a, an
úndici eleven
ufficio *m* office
ufficio postale *m* post office
uguale same, equal
único unique
università *f* university
uno one
un po' a little
usare to use
uscire to go out

vacanza *f* holiday
vagone *m* carriage
valigia *f* suitcase
vecchio old
vedere to see
vegetariano vegetarian
véndita *f* sale
venerdì *m* Friday
Venezia *f* Venice
venire to come
venti twenty
veramente really
verde green
verdura *f* vegetable
verità *f* truth
vero true
vestirsi to get dressed
vestito *m* dress, suit
vettura *f* carriage
viaggiare to travel
vicino near
violinista *m & f* violinist
vísita *f* visit
visitare to visit, to examine
viso *m* face
vita *f* life
vitello *m* veal
voce *f* voice
voglia *f* wish
volentieri willingly
volere to want, to wish
volo *m* flight
volta *f* time
votare to vote
voto *m* vote
vuoto empty

weekend *m* weekend

zanzara *f* mosquito
zero *m* zero, nought
zia *f* aunt
zio *m* uncle
zoo *m* zoo
zúcchero *m* sugar

English–Italian vocabulary

a, an   un, una, uno
a little   un po'
absence   assenza *f*
to accept   accettare
accessories   accessori *m pl*
accident   incidente *m*
according to   secondo
to act   recitare
actor   attore *m*
actress   attrice *f*
address   indirizzo *m*
advice   consiglio *m*
to advise   consigliare
aeroplane   aeroplano, aéreo *m*
affectionate   affettuoso
after   dopo, poi
afternoon   pomeriggio *m*
again   ancora
age   età *f*
agreement   accordo *m*
airport   aeroporto *m*
to allow   permèttere
alone   da solo
already   già
also   anche
altogether   in tutto
always   sempre
ambulance   ambulanza *f*
among   fra, tra
and   e
angry   arrabbiato
animal   animale *m*
any   alcuni, qualsíasi, qualunque
aperitif   aperitivo *m*
appointment   appuntamento *m*
to approve   approvare
approximately   circa
April   aprile *m*
arm   braccio *m*
to arrange   fissare
to arrive   arrivare
article   artícolo *m*
artist   artista *m & f*
artistic   artístico
as ... as   tanto ... quanto
as far as   fino a

to ask   chiédere, domandare
as well   anche
at   a
at last   finalmente
at least   almeno
at the end of   in fondo a
aunt   zia *f*
August   agosto *m*
average   media *f*
to avoid   evitare

back   schiena *f*
bad   cattivo, brutto
badly   male
bag   borsa *f*
balcony   balcone *m*
bank   banca *f*
bathroom   bagno *m*
to be   éssere
to be afraid   avere paura
to be born   éssere nato
to be called   chiamarsi
to be cold   avere freddo
to be hot   avere caldo
to be hungry   avere fame
to be in a hurry   avere fretta
to be right   avere ragione
to be thirsty   avere sete
to be used to   éssere abituato a
to be wrong   avere torto
beard   barba *f*
beautiful   bello
because   perchè
because of   a causa di
to become   diventare
to become law   entrare in vigore
bed   letto *m*
bedroom   cámera da letto *m*
beef   manzo *m*
before   prima di
to beg   pregare
to begin   cominciare
behind   dietro a
to believe   crédere
belongings   roba *f*
below, under   sotto, aldisotto

194

beside a fianco di
better (*adv*) meglio
better, best migliore
between fra, tra
bicycle bicicletta *f*
big grande
bill conto *m*
blouse blusa *f*
blue blù
board ente *m*
boarding house pensione *f*
to book prenotare, riservare
boots scarponi *m pl*
boring noioso
born nato
to borrow préndere in préstito
boss, head capo *m*
to bother disturbare
box scátola *f*
boy ragazzo *m*
boyfriend ragazzo *m*
bread pane *m*
bread roll, sandwich panino *m*
to break rómpere
breakfast colazione *f*
breakfast room tinello *m*
brother fratello *m*
buffalo búfalo/a
to build costruire
burn scottatura *f*
bus áutobus *m*
business affari *m pl*
busy occupato, impegnato
but ma
to buy comprare
by da
bye-bye arrivederci

cable car funivía, funicolare *f*
cake [little] pastina *f*
to call chiamare
to call oneself chiamarsi
camp site campeggio *m*
can potere
canapé tartina *f*
canteen mensa *f*
car automóbile, mácchina *f*
carafe caraffa *f*
caravan roulotte *f*
careful attento

to be careful stare attento
carriage vagone *m*, vettura *f*
carry portare
cashier cassiere/a
casualty pronto soccorso *m*
catalogue catálogo *m*
cathedral duomo *m*
centre centro *m*
century sécolo *m*
certainly certo
Chamber Cámera *f*
to change cambiare
chapter capítolo *m*
cheerful allegro
cheers! salute!
chemist farmacista *m & f*
chemist's farmacía *f*
cheque assegno *m*
child bambino/a
chocolate cioccolato *m*
chocolates cioccolatini *m pl*
choice scelta *f*
to choose scégliere
chop braciola *f*
church chiesa *f*
cinema cínema *m*
city città *f*
to clean pulire
clever bravo
to climb, to go up salire
to close chiúdere
closed chiuso
closet sgabuzzino *m*
coalition coalizione *f*
coffee caffè *m*
coincidence coincidenza *f*
cold freddo *m*
collection collezione *f*
college collegio *m*
colour colore *m*
to come venire
comfortable cómodo
communist comunista
companion compagno/a
company compagnía *f*
compartment scompartimento *m*
complaint reclamo *m*
compulsory obbligatorio
conceited presuntuoso
to consist consístere

contract contratto *m*
to cook cucinare, cuócere
cooked cotto
to cope fárcela
correct giusto
corridor corridoio *m*
cost costo *m*
to cost costare
cottage casetta *f*
cotton cotone *m*
couch lettino *m*
countryside campagna *f*
course (dish) piatto *m*
cow mucca *f*
cream crema *f*
credit card carta di crédito *f*
to criticise criticare
to cross attraversare
crowded affollato
to cure curare
current affairs attualità *f*

dad, daddy papà, babbo *m*
daily quotidiano
date data *f*
day giorno *m*
dead morto
December dicembre *m*
to decide decídere
definitely decisamente
degree grado *m*
delicate delicato
democratic democrático
dentist dentista *m & f*
department reparto *m*
to depend dipéndere
desk scrivanía *f*
to devote oneself dedicarsi
to dictate stabilire
to die morire
diet dieta *f*
difference differenza *f*
different diverso
difficult difficile
difficulty difficoltà *f*
to dine cenare
dining room sala da pranzo *f*
dinner cena *f*
director direttore *m*, direttrice *f*
dirty sporco

to get dirty sporcarsi
to discuss discútere
dish piatto *m*
dishwasher lavapiatti *f*
to dissolve sciógliere
distance distanza *f*
distracted distratto
to do fare
doctor médico *m*, dottore/ssa
document documento *m*
dome cúpola *f*
door porta *f*
door bell campanello *m*
doorkeeper portinaio/a
double doppio
dress vestito *m*
to get dressed vestirsi
drink [soft] bíbita *f*
to drink bere
dry secco
to dry oneself asciugarsi
dumplings gnocchi *m pl*
duration durata
duty turno *m*
on duty di turno

ear orecchio *m*
early presto
easily facilmente
east est *m*
easy fácile
to eat mangiare
effort fática
eight otto
eighteen diciotto
eighty ottanta
to elect eléggere
elections elezioni *f pl*
electronics elettrónica *f*
elementary school scuola
  elementare *f*
eleven úndici
empty vuoto
England Inghilterra *f*
English inglese *m & f*
to enjoy oneself divertirsi
enough abbastanza
equal uguale
to establish stabilire
eventually alla fine

every ogni
everywhere dappertutto
exactly di preciso
examination esame *m*
to examine esaminare
except eccetto
excuse scusa *f*
to excuse, to forgive scusare
exhibition mostra *f*
exile esilio *m*
expensive caro
expert esperto/a
to explain spiegare
extra extra

face viso *m*, faccia *f*
facilities servizi *m pl*
to fall cadere
to fall ill ammalarsi
family famiglia *f*
famous famoso
fantastic fantástico
far from lontano da
farmhouse fattoría *f*, rústico *m*
fast veloce
father padre *m*
fault colpa *f*
favourite preferito
fear paura *f*
feast festa *f*
February febbraio *m*
feel sentirsi
to feel like avér voglia (di)
feet piedi *m pl*
fennel finocchio *m*
fever febbre *f*
few alcuni, pochi *pl*
fifteen quíndici
fifty cinquanta
figure figura *f*
find trovare
finger dito *m*
to finish finire
firm ditta *f*
first primo
fish pesce *m*
five cinque
fizzy frizzante
flat appartamento *m*
flat (tyre) sgonfio

flight volo *m*
floor piano *m*
Florence Firenze *f*
to follow seguire
fond appassionato
football calcio *m*
footwear calzature *f pl*
for per
foreign, foreigner straniero/a
for example per esempio
to forget dimenticarsi
form forma *f*
to form formare
forty quaranta
four quattro
fourteen quattórdici
fourth quarto
free líbero
fresh fresco
Friday venerdì *m*
friend amico *m*, amica *f*
from da
frozen gelato
fruit frutta *f*
full pieno
to function funzionare
furnished ammobiliato
furniture móbili *m pl*

gallery gallería *f*
garage garage *m*
garden giardino *m*
garlic aglio *m*
gastroenteritis gastroenterite *f*
general generale
General Hospital Policlínico *m*
genius genio *m*
to get [become] diventare
to get [obtain] ottenere
to get angry arrabbiarsi
to get bored annoiarsi
to get dirty sporcarsi
to get dressed vestirsi
to get dry asciugarsi
to get lost pérdersi
to get married sposarsi
to get tired stancarsi
to get undressed svestirsi
to get up alzarsi
to get worried preoccuparsi

girl ragazza *f*
girlfriend ragazza *f*
to give dare
to give (as a present) regalare
glass bicchiere *m*
to go andare
to go down scéndere
to go out uscire
to go up salire
good buono, bravo
goodbye ciao, arrivederci
good evening buonasera
good morning buongiorno
good night buonanotte
greater, greatest maggiore
green verde
greengrocer fruttivéndolo/a
to greet salutare
grill griglia *f*
grocer droghiere/a
ground floor pianterreno *m*
guest óspite *m & f*
guide guida *f*

half mezzo
ham prosciutto *m*
hand mano *f*
handbag borsetta *f*
to happen succédere
happy contento
hard duro
hardly appena, sì e no
to have avere
to have a pain in ... aver male di ...
head testa *f*
Head of State Capo dello Stato *m*
to hear sentire
hello ciao
help aiuto *m*
to help aiutare
here qui
here it is, here is ecco
high alto
hire noleggio, nolo *m*
historical stórico
hobby hobby, passatempo *m*
holiday vacanza *f*
homework cómpito *m*
hors d'oeuvre antipasto *m*
horse cavallo *m*

hospital ospedale *m*
hostel ostello *m*
hot, warm caldo
hotel albergo *m*
hour ora *f*
house casa *f*
how come
how come?, why? come mai?
how do you do piacere
how, how much quanto
hundred cento
hunger fame *m*
hurry fretta *f*
to hurry up affrettarsi
to hurt far male
husband marito *m*

ice cream gelato *m*
idea idea *f*
if se
to ignore ignorare
ill ammalato, malato
illness, disease malattía *m*
immediately súbito
important importante
in in
increase aumento *m*
inflation inflazione *f*
information informazione *f*
in front of davanti a
inside interno *m*, dentro
instead invece
institute istituto *m*
to introduce presentare
intelligent intelligente
intense, with feeling espressivo
to be interested interessarsi
to interrupt interrómpere
invitation invito *m*
to invite invitare
Italian italiano
Italy Italia *f*

January gennaio *m*
July luglio *m*
June giugno *m*

to keep tenere, mantenere
key chiave *f*
kilo(gramme) chilo *m*

kilometre chilómetro *m*
kind gentile
kitchen cucina *f*
knee ginocchio *m*
to know conóscere
to know how sapere

labour laburista
lady signora *f*
lake lago *m*
lamb agnello *m*
landlord/landlady padrone/a
language lingua *f*
lasagne lasagne *f pl*
late in ritardo, tardi
launderette lavandería *f*
lawyer avvocato *m*
learn imparare
leather pelle *f*
to leave partire, lasciare
left sinistra
leg gamba *f*
to lend prestarc
less, least meno
lesson lezione *f*
to let affittare, lasciare
letter léttera *f*
letter box cassetta delle léttere *f*
liberal liberale
library biblioteca *f*
to lie down coricarsi
life vita *f*
light luce *f*
light, mild leggero
like come
I like mi piace
likeable simpático
line riga *f*
linen biancheria *f*
lip labbro *m*
list lista *f*
to listen ascoltare
a little un po'
to live abitare
loan préstito *m*
London Londra *f*
look occhiata *f*
to look at guardare
to look for cercare
to look forward to non vedér l'ora di

to lose pérdere
lounge salotto *m*
low basso
lucky fortunato, beato!
lunch pranzo *m*

mad pazzo
madam signora *f*
magazine rivista *f*
magnificent magnífico
mail posta *f*
mainly soprattutto
to make fare
to manage fárcela
manager direttore/direttrice
to manufacture fabbricare
map cartina, carta, piantina *f*
March marzo *m*
market mercato *m*
marvellous stupendo, meraviglioso
match partita *f*
matter questione *f*
May maggio *m*
maybe forse
meal pasto *m*
means mezzo *m*
meanwhile nel frattempo
meat carne *f*
medicine medicina *f*
to meet incontrarsi, trovarsi
member membro *m*
Member of Parliament deputato *m*
to mend riparare
midday mezzogiorno *m*
middle school scuola media *f*
midnight mezzanotte *f*
Milan Milano *f*
million milione *m*
mind! mi raccomando!
mine mio
mineral minerale
minimum mínimo
minute minuto *m*
Miss signorina *f*
modern moderno
to modernise rimodernare
moment momento *m*, áttimo *m*
monarchy monarchía *f*
Monday lunedì *m*
money soldi *m pl*

month mese *m*
more più, di più
morning mattino *m*
mosquito zanzara *f*
mother madre *f*
mother-in-law suócera *f*
motorcycle motocicletta *f*
motorway autostrada *f*
mount, mountain monte *m*
mountain montagna *f*
Mr signore *m*
Mrs signora *f*
much molto
mum, mummy mamma *f*
muscular muscolare
must dovere
my mio

name nome *m*
national nazionale
near vicino
necessary necessario
new nuovo
news notizie *f pl*
newsagent giornalaio/a
newspaper giornale *m*
next próssimo
next to accanto a, a fianco di
night notte *f*
nine nove
ninety novanta
no no
nobody nessuno/a
noise rumore *m*
non-alcoholic analcólico
north nord *m*
not non
nothing niente, nulla
to notice accórgersene
nought zero *m*
November novembre
now adesso
number número *m*
nurse infermiere/a

occupation occupazione *f*
of di
to offer offrire
office ufficio *m*
often spesso

oil olio *m*
ointment pomata *f*
old vecchio, anziano
olive oliva *f*
on su
on the side laterale
on top of in cima a
one uno
the one/ones who chi
only solo
open aperto
to open aprire
operatic music lírica *f*
opportunity occasione *f*
opposite di fronte a
orange arancia *f*
to order ordinare
otherwise altrimenti
outside fuori
oven forno *m*
owner proprietario/a

parents genitori *m pl*
Parliament parlamento *m*
parliamentary parlamentare
parmesan parmigiano *m*
partner, companion compagno/a
party partito *m*
to pass passare
passenger passeggero/a
passion, interest passione *f*
passport passaporto *m*
pastime svago *m*
patient paziente
to pay pagare
to pay attention stare attento
paying guest pensionante *m & f*
to peel spellarsi
pencil matita *f*
people pópolo *m*, gente *f*
per cent per cento
perhaps forse, magari
personal personale
petrol benzina *f*
pharmacy farmacia *f*
to phone telefonare
pianist pianista *m & f*
piano piano, pianoforte *m*
to pick cógliere
piece pezzo *m*

pig, pork maiale *m*
pin number códice segreto *m*
place posto *m*
to play (game) giocare
to play (instrument) suonare
pleasant piacévole, simpático
please per favore, per piacere, prego
pleased to meet you molto lieto
politics política *f*
polytechnic Politécnico *m*
poor póvero
Pope Papa *m*
porter facchino *m*
possible possíbile
to post imbucare, impostare
post office posta *f*, ufficio postale *m*
potato patata *f*
to pray pregare
precisely appunto
to prefer preferire
to prepare preparare
prescribe prescrívere
prescription ricetta *f*
present regalo *m*
president presidente *m*
to press prémere
price prezzo *m*
Prime Minister presidente del consiglio
probably probabilmente
programme programma *m*
protective protettivo
pub ostería *f*
to punch in digitare
purchase cómpera *f*
to put méttere

question questione *f*
queue coda *f*
quite abbastanza

radio radio *f*
railman ferroviere *m*
to rain pióvere
to realise accórgersi
really proprio, veramente
reason ragione *f*
receipt ricevuta *f*
to receive ricévere
to recognise riconóscere
red rosso

reddening arrossamento *m*
refectory mensa *f*
referendum referendum *m*
regatta regata *f*
region regione *f*
regional regionale
relative parente *m & f*
to remain restare
to remember ricordarsi
rent affitto *m*
to rent affittare
to reply rispóndere
republic repúbblica *f*
republican repubblicano
to rest riposarsi
restaurant ristorante *m*
to restore restaurare
retired in pensione, pensionato/a
right destra
right, reason ragione *f*
to ring suonare
road strada *f*, via *f*, corso *m*
roast arrosto *m*
Rome Roma *f*
room cámera *f*, stanza *f*
roomy spazioso
rough (sea) mosso
ruling regnante
to run córrere
to run a business gestire
to run over investire
Russian russo

salad insalata *f*
salami salame *m*
sale véndita *f*
sales svéndita *f*
same stesso, uguale
Saturday sábato *m*
to save risparmiare
to say dire
school scuola *f*
scooter motorino *m*
screen schermo *m*
sea mare *m*
seat posto *m*
to see vedere
to see again rivedere
second secondo
secret segreto

secretary segretario/a
to sell véndere
Senate Senato *m*
senator senatore *m*
to send mandare
sense senso *m*
September settembre *m*
serious serio
to serve servire
set servizio *m*
seven sette
seventeen diciassette
seventy settanta
several diversi *pl*
to shake hands dare la mano
to shave rádersi
sheet (of paper) foglio *m*
shirt camicia *f*
shoes scarpe *f pl*
shop negozio *m*
shop assistant commesso/a
shopping spesa *f*, spese *f pl*
to show far vedere
show, spectacle spettácolo *m*
shower doccia *f*
side dish contorno *m*
silk seta *f*
sincere sincero
to sing cantare
singer cantante *m & f*
single síngolo
sir signore
sister sorella *f*
to sit down sedersi
six sei
sixteen sédici
sixth sesto
sixty sessanta
size misura *f*
to ski sciare
skis sci *m pl*
to sleep dormire
slippers pantófole *f pl*
slowly piano
small píccolo
smaller, smallest minore
to smoke fumare
so così
socialist socialista
soft drink bíbita *f*

some qualche, alcuni
something qualcosa
son figlio *m*
sorry scusi, [mi] dispiace
soup minestra *f*
spaghetti spaghetti *m pl*
Spain Spagna *f*
to speak parlare
speciality specialità
specially specialmente
spectacles occhiali *m pl*
spectator spettatore *m*
to spend spéndere
spokesperson portavoce *m & f*
sprain strappo *m*
square piazza *f*
stamp francobollo *m*
station stazione *f*
to stay rimanere, restare, stare
steak bistecca *f*
still ancora
Stock Exchange Borsa *f*
stomach stómaco *m*
stop fermata *f*
to stop fermarsi
story storia *f*
straight diritto
strike sciópero *m*
stripe riga *f*
student studente *m*
studious studioso
to study studiare
stupid stúpido
suburbs periferia *f*
to succeed riuscire
sugar zúcchero *m*
suitcase valigia *f*
summer estate *f*
sun sole *m*
to sunbathe esporsi al sole
Sunday doménica *f*
supermarket supermercato *m*
supper cena *f*
to support (sports) fare il tifo per
supporter, fan tifoso
sure certo, sicuro
surname cognome *m*
sweater maglione *m*
to swim nuotare
swimming pool piscina *f*

system sistema *m*

to take préndere
to take back portare di ritorno
tall alto
to taste assaggiare
taxi taxi *m*
teacher insegnante *m & f*
telegramme telegramma *m*
telephone teléfono *m*
television televisione *f*
temperature febbre *f*
ten dieci
tenor tenore *m*
tent tenda *f*
terrace terrazzo *m*
thank goodness meno male
thank you grazie
that che
that is (i.e.) cioè
that which ciò che
the il *m*, la *f*
theatre teatro *m*
then allora, dunque, poi
there lì
thesis tesi *f*
thing cosa *f*
things roba *f*
to think crédere, pensare
thirst sete *f*
thirteen trédici
thirty trenta
this questo
this morning stamattina
thousand mille
three tre
Thursday giovedì *m*
ticket biglietto *m*
tie cravatta *f*
time volta *f*
timetable orario *m*
tip mancia *m*
tired stanco
to get tired stancarsi
to a
tobacconist tabaccaio/a
today oggi
toe dito *m*
together with insieme a
toilet gabinetto *m*

tomato pomodoro *m*
tomorrow domani
tonight stasera
too anche
too much, too troppo
top cima *f*
tourist tax tassa di soggiorno *f*
town città *f*
trade union sindacato *m*
traffic tráffico *m*
tragic trágico
train treno *m*
transport trasporto *m*
to travel viaggiare
trip gita *f*
trout trota *f*
true vero
truth verità *f*
Tuesday martedì *m*
twelve dódici
twenty venti
two due

ugly brutto
unbeatable insuperábile
uncle zio *m*
underground metropolitana *f*
to understand capire, inténdere
unfortunately purtroppo
uniform divisa *f*
unique unico
university università *f*
until finchè ... non
unwell indisposto
to use usare

vacuum cleaner aspirapólvere *m*
valid válido
veal vitello *m*
veal cutlet cotoletta *f*
vegetable verdura *f*
vegetarian vegetariano
Venice Venezia *f*
very molto
very bad péssimo
very well beníssimo
violinist violinista *m & f*
visit visita *f*
to visit (person) andare a trovare
to visit (place) visitare

voice voce *f*
vote voto *m*
to vote votare
voucher buono *m*

to wait aspettare, atténdere
waiter cameriere *m*
walk passeggiata, camminata *f*
to walk camminare
to want volere
to warn avvisare
washing machine lavatrice *f*
to wash oneself lavarsi
watchmaker orologiaio/a
water acqua *f*
way senso *m*
to wear portare
Wednesday mercoledì *m*
week settimana *f*
welcome benvenuto
west ovest *m*
what che, che cosa
whatever qualsíasi, qualunque
when quando
where dove
where from di dove
which quale
white bianco
who? chi
who, whom, which che, il quale, cui

why perchè, come mai
wife moglie *f*
willingly volentieri
window finestra *f*
winter inverno *m*
wish voglia
to wish desiderare
with con
wood legno *m*
world mondo *m*
worried preoccupato
to worry preoccuparsi
worse peggiore
worse *(adv)* peggio
to write scrívere
wrong sbagliato, torto

year anno
yes sì
yes (certainly!) come no!
yesterday ieri
yet ancora
you tu, Lei
young gióvane
younger, youngest minore

zero zero *m*
zip cerniera *f*
zoo zoo *m*

Index

Numbers refer to pages